John Langshaw Austin

Zur Theorie der Sprechakte

(How to do things with Words)

Deutsche Bearbeitung von
Eike von Savigny

Reclam

Der Bearbeitung liegen die englischen Ausgaben von 1962 und 1975 zugrunde

RECLAMS UNIVERSAL-BIBLIOTHEK Nr. 9396
1972, 1979 Philipp Reclam jun. GmbH & Co. KG,
Siemensstraße 32, 71254 Ditzingen

Druck und Bindung: Esser printSolutions GmbH,
Untere Sonnenstraße 5, 84030 Ergolding
Printed in Germany 2024

ISBN 978-3-15-009396-2
www.reclam.de

Vorbemerkung zur deutschen Bearbeitung

Die Notwendigkeit, statt einer – wenn auch relativ freien – Übersetzung von *How to do things with Words* eine deutsche Bearbeitung des Buches vorzulegen, ergibt sich aus zwei für Austins Arbeitsweise wesentlichen Merkmalen:

(1) Austin benutzt konsequent sprachliche Proben als Mittel, um die von ihm intendierten Unterschiede sichtbar zu machen: was man in bestimmten Situationen sprachlich sinnvoll äußern kann und was nicht, wird als Mittel zur Unterscheidung dieser Situationen benutzt. (Dieses Vorgehen ist für die Philosophie der normalen Sprache, der Austin angehört, typisch.) Natürlich kann man die Feststellung, daß man einen bestimmten Ausdruck dann und dann gebrauchen kann und dann und dann nicht, nur für Ausdrücke aus ganz bestimmten Sprachen treffen; und die Ausdrücke, mit denen man normalerweise die englischen Ausdrücke im Deutschen wiedergibt, haben sehr häufig gerade die spezielle Eigenheit des englischen Ausdrucks in dieser Situation nicht. Man muß dann als Ersatz Ausdrücke finden, die zwar keine Übersetzungen sind, aber den intendierten Unterschied kennzeichnen können. Da es möglich ist, daß man sich in der Wahl der Ersatzausdrücke vergreift, ist die Gefahr einer wesentlichen inhaltlichen Umdeutung des Originals gegeben.

Die Situation ähnelt dem Austausch eines Meßinstrumentes gegen ein ganz anderes, etwa einer Balkenwaage gegen eine Federwaage. Man muß sich darauf verlassen, daß beide Meßinstrumente dieselben Unterschiede anzeigen, und kann sich in dieser Annahme irren.

(2) Austin hat – dies ist eine Eigenart seines persönlichen Stils – eine große Vorliebe für solche Proben, in denen von nur ganz geringfügigen Bedeutungsnuancen Gebrauch gemacht wird. Zum Teil bedeutet das einfach eine Verschärfung des gerade geschilderten Problems, zum Teil zwingt es jedoch auch dazu, die auf diese intersubjektiv nicht immer

nachzumachende Art und Weise festgestellten Unterschiede als nicht hinreichend geklärt außer acht zu lassen.
In unserem Vergleich würde das bedeuten, daß ein besonders scharf beobachtender oder zu beobachten glaubender Experimentator Ausschläge der Waage sieht oder zu sehen meint, die die anderen nicht sehen; die auf diese Weise von ihm festgestellten Gewichtsunterschiede können dann einstweilen keine Beachtung finden. Freilich ist es möglich, daß später bessere Meßinstrumente entwickelt werden, die nunmehr zur allgemeinen Zufriedenheit die bis dato nicht recht zugänglichen Unterschiede festzustellen erlauben; d. h., es wird festgestellt, daß unter den Umständen, unter denen der vereinzelte Kollege die Ausschläge an der Waage zu sehen pflegte, auch von den neuen Instrumenten Unterschiede angezeigt werden.
Für die Bearbeitung bedeutet das, daß an die Stelle eines von Austin dank nicht benutzbarer Sprachproben unklar gelassenen Unterschiedes, für den er gewisse allgemeine Eigenschaften festgestellt hatte, ein mit klareren Proben definierter Unterschied gesetzt wird, der dieselben allgemeinen Eigenschaften hat. Die Wahrscheinlichkeit der Fehlinterpretation ist bei diesem Verfahren natürlich enorm gesteigert, da es nicht mehr auf die Beherrschung des Englischen, sondern nur noch auf die Beherrschung der philosophischen Theorie ankommt, die dargestellt wird.

Die Stellen, an denen der Austinsche Text aus diesen Gründen verändert worden ist, ergeben sich aus dem Verzeichnis am Schluß; es enthält die veränderten Texte im Original. Im deutschen Text ist ihr Anfang durch ⟨, ihr Ende durch ⟩ bezeichnet; für Auslassungen steht das Zeichen °. Ihre Länge schwankt zwischen wenigen Wörtern und vierzehn Seiten. (Andere kleine Änderungen, wie sie bei jeder Übersetzung nötig werden, sind nicht angemerkt worden.)

Im übrigen versucht der deutsche Text, sich im Inhalt genau an das Original zu halten; eine durchgehende »redaktionelle

Überarbeitung« der Vorlesungsmanuskripte, auf die schon der Herausgeber des englischen Textes mit gutem Grund verzichtet hat, wurde nicht angestrebt, ebensowenig eine kommentierte Übersetzung. Damit klar ist, in welcher Richtung bei der Bearbeitung Fehlinterpretationen zu suchen sind, habe ich dem Text das Kapitel über Austins Theorie der Sprechakte aus meiner *Analytischen Philosophie* beigegeben. Für die freundliche Genehmigung zum Abdruck danke ich dem Verlag Karl Alber. Herrn Andreas Kemmerling, München, danke ich für wertvolle Hilfe bei der Korrektur.

Für die 2. Auflage wurden die Änderungen des Textes der 2. englischen Auflage gegenüber der 1. Auflage übernommen. Dieser Änderung liegt ein Textvergleich durch Dr. Andreas Kemmerling zugrunde, der auch das Literaturverzeichnis gegenüber dem Nachdruck von 1975 ergänzt hat.

E. v. S.

J. L. Austins Theorie der Sprechakte

John L. Austin (1911–1960) verdankt seinen Einfluß in der Philosophie der normalen Sprache so wie Wittgenstein und anders als Ryle nicht seinen Veröffentlichungen: zu seinen Lebzeiten veröffentlichte er wenige Aufsätze, und seine beiden Bücher erschienen als posthume Bearbeitungen seiner Vorlesungsnotizen; sondern er wirkte vor allem dank seiner Lehrtätigkeit in Oxford. Das hat dazu geführt, daß über seine wichtigste Leistung, die sprachphilosophische Theorie der Sprechakte, in der Literatur viele unvollständige und voneinander abweichende Vorstellungen anzutreffen sind; denn Austin entwickelte die Theorie aus Vorstellungen über die Unterscheidung zwischen Behauptungen und »explizit performativen Äußerungen« und brauchte dazu eine Reihe von Jahren. Wer ihn zu verschiedenen Zeiten gehört hat, dürfte also verschiedene Stadien der Theorie mitbekommen haben. Sie liegt jetzt in den letzten fünf Vorlesungen von »How to do things with words« geschlossen vor. (Die vorangehenden Vorlesungen bringen ein früheres Stadium der Theorie und ihre Schwierigkeiten.)

Die Theorie ist ein Beitrag zur Klärung der Frage, was der Gebrauch einer Äußerung ist. In der Philosophie der normalen Sprache ist – wesentlich, aber nicht ausschließlich, bestimmt durch Wittgenstein – die Auffassung herrschend, die Bedeutung von sprachlichen Ausdrücken bestehe in ihrem Gebrauch; verschieden gebrauchte Äußerungen haben verschiedene Bedeutungen. Hier gibt es allerhand zu klären. Betrachten wir also Franz, der zu Fritz sagt: *Morgen komme ich.* Wie gebraucht er seine Äußerung? Was tut er damit, daß er den Satz äußert? Erstens, und das ist schon einmal wichtig, äußert er einen deutschen Satz, der sprachlich bedeutungsvoll ist und den jeder versteht, der nicht weiß, wann er geäußert wird, und nicht weiß, wer ihn äußert, und der vor allem nicht weiß, wozu der Sprecher ihn äußert, wie er ihn gebraucht. Ja mehr als das: Auch wer den Sachverhalt, um den es geht, genau kennt, wer zum Beispiel weiß, daß Franz den Satz äußert, und zwar am Donnerstag, so daß es um den Sachverhalt geht, daß Franz am Freitag kommt, weiß noch nicht, was er mit der Äußerung tut. Franz kann mit der Äußerung ganz verschiedene Dinge tun: Er kann Fritz mitteilen, daß er morgen kommen werde. Er kann Fritz versprechen zu kommen. Er kann Fritz warnen oder drohen, indem er das sagt. Und so weiter. All das ist noch in keiner Weise bestimmt, wenn die sprachliche und inhaltliche Bedeutung der Äußerung schon längst festliegt. Austin unterscheidet deshalb verschiedene Möglichkeiten, die Äußerung zu kennzeichnen: als »lokutionären Akt« und als »illokutionären Akt«. Wenn wir sagen, Franz habe mit seiner Äußerung *Morgen komme ich* gesagt, daß er, Franz, am Freitag kommen werde, kennzeichnen wir den lokutionären Akt, den Franz mit seiner Äußerung vollzogen hat. Wenn wir sagen, Franz habe mit seiner Äußerung *Morgen komme ich* Fritz mitgeteilt, versprochen, davor gewarnt oder damit gedroht, daß er Freitag kommen werde, kennzeichnen wir den illokutionären Akt, den Franz mit seiner Äußerung vollzogen hat. Wenn wir berichten, was Franz gesagt hat, berichten wir über den lokutionären Akt; wenn wir berichten, was er damit getan hat, daß er das gesagt hat, berichten wir über den illokutionären Akt.

Allerdings stimmt das auch nicht ganz; die illokutionären Akte müssen nach der anderen Seite noch abgegrenzt werden von den »perlokutionären« Akten. Auf die Frage, was Franz mit seiner Äußerung getan habe, könnte man auch antworten, er habe Fritz davon überzeugt, daß er Freitag kommen werde; er habe in ihm diese Erwartung geweckt; er habe Fritz dazu gebracht, entsprechende Maßnahmen zu treffen; er habe ihn eingeschüchtert. Auch das sind Dinge, die Franz mit seiner Äußerung getan haben kann; sie unterscheiden sich von den illokutionären Akten: Franz hat Fritz nicht nur eine Mitteilung gemacht, sondern Fritz hat die Mitteilung auch geglaubt; deshalb kann man sagen, Franz habe Fritz überzeugt. Er hat ihm sein Kommen nicht nur versprochen, sondern Fritz hat sich auch darauf verlassen: also hat Franz in Fritz die Erwartung geweckt. Er hat ihn vor seinem Kommen nicht nur gewarnt, sondern Fritz hat die Warnung auch berücksichtigt und seine Maßnahmen getroffen; nur deshalb können wir sagen, daß Franz ihn zu diesen Maßnahmen gebracht habe. Er hat ihm mit seinem Kommen nicht nur gedroht, sondern Fritz hat auch Angst bekommen: also hat Franz ihn eingeschüchtert. Hätte Fritz nicht geglaubt, nicht ernst genommen, nicht berücksichtigt und nicht Angst bekommen, dann könnten wir nicht sagen, Franz habe ihn überzeugt, eine Erwartung geweckt, ihn zu Maßnahmen gebracht, ihn eingeschüchtert. Wir könnten aber immer noch sagen, Franz habe mitgeteilt, versprochen, gewarnt, gedroht. Ob der perlokutionäre Akt vollbracht wird, hängt also davon ab, ob dank der Äußerung noch etwas Zusätzliches geschieht; ob der illokutionäre Akt vollbracht wird, hängt nicht davon ab, ob dank der Äußerung noch etwas Zusätzliches geschieht. Es hängt vielmehr von den Umständen ab, unter denen die Äußerung getan wird. Unter verschiedenen Umständen vollbringt Franz mit ein und derselben Äußerung verschiedene illokutionäre Akte:

(A) Nach einem längeren Schwatz fragt Fritz Franz: »Und was gibt's sonst noch Neues?« Franz: »Ich komme nach Berlin.« Fritz: »So, so; und wann?« Franz: »Morgen komme ich.« Fritz: »Aha.« – In Abwesenheit weiterer besonderer Umstände werden wir sagen: Franz hat Fritz mit seiner Äußerung mitgeteilt, daß er morgen komme werde. (B) Fritz zu Franz: »Kannst du nicht heute oder morgen kommen, ich brauche dringend einen, der mir beim Tapezieren hilft.« Franz: »Morgen komme ich.« Damit hat er ein Versprechen abgegeben. (C) Finanzinspektor Franz zu seinem Duzfreund, Bauunternehmer Fritz: »Dein Betrieb gehört jetzt zu meinem Bereich für Steuerfragen.« Fritz: »Da müßte ich aber vorher Bescheid wissen.« Franz: »Morgen komme ich.«

Damit hat er Fritz gewarnt. (D) Franz zu Fritz: »Wenn du mir nicht 2000 DM zahlst, hole ich mir dein Auto.« Fritz: »Daß ich nicht lache.« Franz: »Morgen komme ich.« Damit hat er Fritz gedroht. Unter solchen Umständen solche Äußerungen tun heißt eine Mitteilung machen, ein Versprechen abgeben, eine Warnung aussprechen, eine Drohung ausstoßen. Solche Äußerungen unter solchen Umständen sind Mitteilungen, Versprechen, Warnungen, Drohungen, weil sie als solche gelten. Nach allgemeiner Übereinstimmung darf Fritz sich im Fall A darauf berufen, daß Franz kommen wolle, wenn er sich um ein Nachtquartier für ihn bemüht. Im Fall B darf er im Vertrauen auf Franzens Kommen für Freitag Urlaub nehmen. Im Fall C kann Fritz Franz nicht böse sein, daß dieser ihn unvorbereitet einer Betriebsprüfung aussetze. Im Fall D darf Fritz vorbeugende Maßnahmen gegen Franzens Kommen ergreifen, auch wenn er Franz mit den Maßnahmen schadet und Franz gar nicht kommt. Das wird von jedermann gebilligt; jedermann hält sich an die (impliziten) Konventionen, nach denen auf Franzens Äußerungen hin bestimmte Verhaltensweisen von anderen oder von Franz in Ordnung sind und andere Verhaltensweisen nicht. Dieser Tatsache verdanken Franzens Äußerungen ihre »illokutionäre Rolle« (»illocutionary force«) als Mitteilung, Versprechen, Warnung und Drohung.

Der konventionale Charakter der illokutionären Rolle zeigt sich sehr deutlich bei einer besonderen Gruppe von Äußerungen, die auf bestimmte illokutionäre Rollen direkt zugeschnitten sind. So ist *Ich teile dir mit, daß ich morgen komme* offenbar eine Mitteilung, *Ich verspreche dir, morgen zu kommen* ein Versprechen, *Ich warne dich, morgen komme ich!* eine Warnung. Von diesen Äußerungen ging Austin bei seinen Untersuchungen ursprünglich aus; er nannte sie »performative Äußerungen«, weil ihm auffiel, daß sie im Gegensatz zu ganz ähnlichen Äußerungen offenbar keine Behauptungen darstellen, sondern mit ihnen eine Handlung durchgeführt wird. *Ich verspreche es dir, Ich teile es dir mit, Ich warne dich* sind keine Behauptungen, da man zum Beispiel darauf nicht reagieren kann mit *Das ist nicht wahr.* Bringt man die Äußerungen in die dritte Person oder in der ersten Person in eine Vergangenheitsform, dann können sie durchaus Behauptungen darstellen: auf *Er verspricht es dir, Ich habe dich gewarnt* kann man durchaus reagieren mit *Das stimmt* oder *Das ist nicht wahr.* Diese Äußerungen berichten über ein Versprechen oder über eine Warnung, in der ersten Person Präsens dagegen stellen sie selbst solche Versprechungen oder Warnungen dar.

Wird die Äußerung *Morgen komme ich* unter passenden Umständen getan, dann ist sie ein Versprechen. Es hängt von den Umständen ab, als was wir sie aufzufassen haben. Manchmal kennen wir die Umstände vielleicht nicht hinreichend genau; oder die Umstände sind gar nicht so, daß sie die Äußerung auf eine bestimmte illokutionäre Rolle festlegen. Das kann unangenehm sein. Wer sagt: *Der Hund ist bissig,* will möglicherweise vor dem Hund warnen, nicht etwa ihn als Wachhund empfehlen; damit die Äußerung nicht als Empfehlung mißverstanden wird und man ihm nachher nicht böse ist, wenn der Hund die Interessenten in die Beine beißt, macht man deutlich, daß man warnen will, indem man sagt: *Ich warne euch, der Hund ist bissig!* Die Äußerung ist dann unmißverständlich eine Warnung. Wenn die Umstände eindeutig sind, ist die einfache Äußerung *Der Hund ist bissig* ebensogut eine Warnung; aber damit sie eine Warnung ist, ist sie auf die eindeutigen Umstände angewiesen, während *Ich warne euch, der Hund ist bissig* nicht darauf angewiesen ist. Diesen letzteren Typ nennt Austin dann »explizit performative Äußerungen«, den ersten, auf die Umstände angewiesenen Typ »primär performative Äußerungen«. Hinter der Bezeichnung »primär performativ« steckt die Überzeugung, daß die Explizierung der illokutionären Rolle, wie sie bei der explizit performativen Äußerung vorliegt, ein im Laufe der Sprachentwicklung später entwickeltes Mittel der Verständigung sei. Tatsächlich gibt es auch andere Möglichkeiten, mit denen der Sprecher seiner Äußerung eine bestimmte illokutionäre Rolle geben kann; außersprachliche, etwa das Hochreißen der Arme zur Äußerung *Der Hund ist bissig*, um diese als Warnung zu kennzeichnen, oder sprachliche, wie etwa den besorgten Ton. Explizit performative wie auch primär performative Äußerungen sind performative Äußerungen, das heißt: Mit ihnen werden illokutionäre Akte vollzogen.

Da vermutlich – das ist allerdings eine blinde Behauptung – die allermeisten Äußerungen illokutionäre Rollen haben, ist damit, daß eine Äußerung performativ sei, also noch nichts gesagt. Gewöhnlich zielt man damit auf die Sonderstellung der explizit performativen Äußerungen. Aber diese sind wesentlich seltener, als die philosophischen Diskussionen manchmal wahrhaben wollen. Für sie ist erforderlich, daß sie in der beschriebenen Weise klarmachen, welche illokutionäre Rolle sie haben. Diese Bedingung ist zum Beispiel nicht erfüllt bei *Ich weiß, daß ..., Ich vermute, daß ..., Ich hoffe, daß ...;* denn Akte des Wissens, Vermutens und Hoffens gibt es nicht, so daß die Äußerungen auch nicht solche Akte darstellen können.

An den Fehlern, die man beim Vollbringen illokutionärer Akte machen kann, lassen sich die Regeln ablesen, nach denen zu beurteilen ist, ob sie gut oder überhaupt vollbracht worden sind. Austin illustriert die Fehler an illokutionären Akten, die mit explizit performativen Äußerungen vollzogen werden; sie lassen sich aber auf primär performative Äußerungen übertragen. Er unterscheidet sechs Fehlertypen, ohne behaupten zu wollen, daß die Unterscheidungen sehr klar seien oder daß die Einteilungen sich nicht überschnitten. Die ersten vier Fehler, A 1, A 2, B 1, B 2, lassen den illokutionären Akt nicht zustande kommen; der fünfte und sechste, Γ 1 und Γ 2, lassen ihn zwar zustande kommen, kennzeichnen ihn aber als schlechten Akt seiner Sorte:

(A 1) *Ich beleidige dich* ist keine Beleidigung (wie *Ich lobe dich* ein Lob ist); mit dieser Äußerung kommt der illokutionäre Akt des Beleidigens nicht zustande. *Es gibt keine Konvention*, nach der solch eine Äußerung eine Beleidigung wäre. (Austin macht dazu die Anmerkung, daß die explizit performative Äußerung gewöhnlich dann ein Fehlschlag nach A 1 ist, wenn der unternommene Akt zu den allgemein mißbilligten gehört. Das trifft zum Beispiel auch für *Ich drohe dir* zu.) Dasselbe gilt für die primär performative Äußerung *du Sonnengott*, auf die eine Bitte um Entschuldigung für die zugefügte Beleidigung folgt, so daß dieser Umstand die Äußerung als den Versuch einer Beleidigung kennzeichnet; der Versuch ist mißglückt, denn man kann mit dieser Äußerung nicht beleidigen. (»Leere Berufung« auf eine Konvention.)

(A 2) Die Konvention kann zwar existieren, aber *unter falschen Umständen angewandt* sein. Explizit: *Ich verspreche dir, um fünf dazusein* als eine Äußerung an jemanden, der gar nicht anwesend ist. Das Versprechen kommt nicht zustande. Primär performative Äußerung: *Bon voyage* als Abschiedsgruß an eine Schulklasse des dritten Grundschuljahres – der Gruß kommt nicht zustande. Beide Äußerungen sind zwar für die beabsichtigten Handlungen prinzipiell geeignet; es gibt die Konvention, mit ihnen Versprechen abzugeben beziehungsweise gute Reise zu wünschen; aber nicht unter diesen Umständen. (»Fehlanwendung« einer Konvention.)

(B 1) *Ich widerrufe meinen Tadel; Sie sind kein Lump, sondern ein Schuft* ist als Versuch, einen Tadel zu widerrufen, mißglückt. Der erste Teil der Äußerung ist zwar geeignet; die Konvention ist in Geltung und anwendbar; sie wird aber *fehlerhaft angewandt*; denn der zweite Teil paßt nicht ins Bild, er stört und macht den Akt zunichte. Derselbe Fehler bei einer primär performativen Äußerung liegt vor in der bekannten Witzantwort des Diplomaten im Standesamt: Statt *Ja* sagt er *Ich sage nicht Nein.* Als Versuch, das Jawort zu geben, durch die Umstände gekennzeichnet, gelingt das Jawort doch nicht. (»Trübung« der Prozedur.)

(B 2) *Ich berichtige meine Behauptung, daß der Anteil*

5,23 % ausmacht ist noch keine Berichtigung; *es fehlt noch etwas,* nämlich die korrigierte Fassung. Die von der Konvention für Berichtigungen geforderte Prozedur ist, soweit sie eingehalten ist, richtig eingehalten; sie ist aber nicht vollständig eingehalten. Derselbe Fehler führt dazu, daß mit der primär performativen Äußerung *Zwei Flaschen Sekt gegen eine, daß es morgen regnet* keine Wette zustande kommt, wenn niemand sagt *top!* (»Lücke« in der Prozedur.)

(Γ 1) *Ich verspreche zu kommen* ist unter den üblichen Umständen auch dann ein Versprechen, wenn es *nicht ehrlich* gemeint ist; das Versprechen kommt also zustande. Die Konvention des Versprechens ist aber unredlich mißbraucht. Denselben Fehler hat der mit der primär performativen Äußerung *Das ist eine ausgezeichnete Arbeit* vollzogene Akt des Lobens, wenn der Sprecher eine sehr schlechte Meinung von der Arbeit hat. (»Unredlichkeit.«)

(Γ 2) *Ich verspreche zu kommen* oder, eindeutige Umstände vorausgesetzt, *Ich komme* können ernstgemeinte Versprechen sein; der illokutionäre Akt glückt *und* ist ehrlich. Aber er gerät in ein schiefes Licht, wenn das Versprechen *nicht erfüllt* wird, wenn der Sprecher sich also nach seinem Versprechen nicht so verhält, wie man es wegen seines Versprechens erwarten darf. (»Inkonsequenz.«)

Eine erste Anwendung der Theorie der Sprechakte ist Austins Untersuchung der Stellung, welche die sogenannten kognitiven Äußerungen unter den sprachlichen Äußerungen einnehmen. Die Sonderstellung, welche die Philosophen diesen Äußerungen eingeräumt haben, hängt mit dem Bild zusammen, welches sie von der Stellung der Sprache überhaupt haben: daß sie ein Mittel sei, über die Welt zu reden. In diesem Bild sind Äußerungen über die Welt die Grundform der Äußerung überhaupt; worum es Austin geht, ist, diese Überzeugung von der Sonderstellung der Aussagen, Behauptungen, Feststellungen zu erschüttern und die Rolle aufzudekken, welche sie in Wahrheit im Konzert der sprachlichen Äußerungen spielen. Der Unterschied zu den ganz ähnlichen

Versuchen Wittgensteins besteht in dem bei Austin ganz unschätzbaren Vorteil, daß er weniger als Wittgenstein vom Mißtrauen gegenüber systematischen Darstellungen geplagt war – oder das Mittel der systematischen Darstellung einfach besser beherrschte. Das Verständnis wie auch die Überprüfung werden auf diese Weise sehr erleichtert.

Vorweg wollen wir eine Schwierigkeit beseitigen. Es gibt zweierlei, was die Philosophen immer als etwas Besonderes angesehen haben: die sogenannten kognitiven oder deskriptiven Äußerungen, also das Behaupten, Vermuten, Voraussagen, Bezeugen, Berichten, Mitteilen, Feststellen, Bezweifeln und so weiter, und auf der anderen Seite die Inhalte solcher Äußerungen, die Sachverhalte, um die es in ihnen geht, die sogenannten Propositionen. Eine Proposition ist etwas, was berichtet, vermutet und vorausgesagt werden kann und so weiter; man formuliert sie am besten durch einen *daß*-Satz. Daß es regnet, kann man behaupten, bezeugen, mitteilen, feststellen und so weiter. Austin hält Äußerungen und Propositionen nicht immer klar auseinander. Seine Untersuchung wird am besten als eine Untersuchung der Stellung kognitiver Äußerungen verstanden.

Sieht man sich solche Äußerungen an, dann sehen sie auf den ersten Blick den illokutionären Akten so ähnlich, daß man sie als solche ansehen muß: *Ich behaupte, daß du meinen Ball bekommst; Ich sage voraus, daß du meinen Ball bekommst; Ich erkläre, daß du meinen Ball bekommst* – das sieht ganz so aus wie *Ich verspreche, daß du meinen Ball bekommst;* es scheint sich um explizit performative Äußerungen zu handeln. Der Eindruck trügt nicht: die kognitiven Äußerungen sind den Unglücksfällen der illokutionären Akte ausgesetzt. *Der gegenwärtige König von Frankreich ist kahlköpfig* ist genauso eine falsche Anwendung der Konvention des Mitteilens auf die falsche Situation (da es gar keinen solchen König gibt), wie *Ich verspreche dir meinen Ball* als Äußerung eines, der keinen Ball hat, eine falsche Anwendung der Konvention des Versprechens auf die falsche Situation ist; die angebliche Mitteilung ist ebenso leer wie das Versprechen. Und wie es unredlich ist, ein Versprechen abzugeben ohne die Absicht, es zu halten (Fehler Γ 1), und inkonsequent, es abzugeben, ohne es zu erfüllen (Fehler Γ 2), so ist es unredlich, eine Behauptung zu machen, ohne an sie zu glauben, und inkonsequent zu behaupten, draußen sei strahlender Sonnenschein, und im gleichen Atemzuge, draußen regne es Bindfäden. Die sogenannten kognitiven Äußerungen haben also die typischen Eigenschaften illokutionärer Akte; sie sind denselben Unglücksfällen ausgesetzt und folgen damit denselben Regeln.

Auch andersherum besteht die Ähnlichkeit: die übrigen illokutionären Akte haben in mehr oder weniger starkem Maße die Eigenschaften, welche man als für kognitive Äußerungen typisch ansieht. Für die Eigenschaft, in logischen Folgerungsbeziehungen zu stehen, haben wir das eben gesehen: gleichzeitig zu behaupten, draußen sei strahlender Sonnenschein und draußen regne es Bindfäden, ist ein Verstoß gegen Regeln der Logik, dabei ein Unglücksfall nach (Γ 1); diese Fehler nach (Γ 1) ähneln also in starkem Maße Verstößen gegen die Logik; der Name »Inkonsequenz« drückt das aus. Überraschender aber ist die Feststellung, die Austin für die Entsprechung zu den Tatsachen zieht. Eine Behauptung, die den Tatsachen entspricht, ist wahr; das gleiche gilt für Mitteilungen und Berichte; und Vermutungen und Voraussagen erweisen sich als wahr, wenn der vermutete und vorausgesagte Sachverhalt den eintretenden Tatsachen entspricht. Von anderen kognitiven Äußerungen kann man schon nicht mehr als wahr und falsch sprechen; zum Beispiel ist ein Zweifel an einer Behauptung nicht wahr, sondern gerechtfertigt, und zwar dann, wenn die bezweifelte Behauptung falsch ist; der Zweifel ist begründet, wenn man Gründe für die Annahme hat, daß die bezweifelte Behauptung falsch ist. Der Zusammenhang zu den Tatsachen besteht also beim Zweifeln darin, daß der Zweifel angesichts der Tatsachen gerechtfertigt oder begründet ist oder nicht. Auch wenn jemand etwas versichert, ist zwar das, was er versichert, wahr, aber nicht seine Versicherung; die Tatsachen rechtfertigen es, daß er uns das versichert, was er uns versichert. Nun, die Rechtfertigung durch die Tatsachen gibt es nicht nur bei den kognitiven Äußerungen. Wenn zum Beispiel jemand ein Auto höher einstuft als ein anderes, so kann man fragen, ob das angesichts der Qualität der Autos richtig ist. Gewährt einer einen Kredit, so kann man fragen, ob das angesichts des Kreditnehmers begründet ist. Wer eine Blume als Veilchen bestimmt, kann das zu Recht oder zu Unrecht tun. Wohlgemerkt: Das Einstufen, das Gewähren, das Bestimmen sind geglückte illokutionäre Akte; die zweite Frage bei ihrer Beurteilung ist, ob es angesichts der Tatsachen richtig war, diese Akte zu vollziehen. So führt die Betrachtung der kognitiven Äußerungen als illokutionärer Akte zur Entdeckung einer zweiten Dimension, in der die illokutionären Akte nach ihrer Rechtfertigung durch die Tatsachen beurteilt werden wie die kognitiven Äußerungen; so wie diese Betrachtung vorher zu der Feststellung geführt hat, daß die kognitiven Äußerungen nicht nur in der Dimension der Rechtfertigung durch die Tatsachen beurteilt werden, sondern auch in der Dimension der Unglücksfälle illokutionärer Akte. Das weist auf Möglichkeiten hin, für die Fehlerhaftigkeit von Äußerungen wie *Der gegenwärtige König von Frankreich ist kahlköpfig* bessere Diagnosen zu finden als die Russellsche, nach der dieser Satz falsch ist (da man ihn ja nicht sinnlos nennen kann) – nämlich den Fehler nicht, wie Russell, in der Dimension der Rechtfertigung durch die Tatsachen, sondern in der Dimension der Unglücksfälle zu suchen.

Auf ein zweites Problem hat Austin die Theorie der Sprechakte bereits angewandt, als er kaum angefangen hatte, sie auszuarbeiten. Es ist Austins Untersuchung der Voraussetzungen, unter denen ein Mensch Wissen beanspruchen kann. (Die Untersuchung, enthalten in »Other minds«, klärte systematisch eine Vorfrage zu der Frage, was wir über Gefühle, Haltungen, Gedanken, Absichten anderer wissen können; aber die Klärung der Vorfrage hat historisch mit Recht die größere Bedeutung gewonnen.) Austin fragt dazu, unter welchen Voraussetzungen man äußern kann *Ich weiß, daß der Vogel im Garten ein Distelfink ist.* Weil diese Äußerung kein Bericht ist, da man damit nicht mitteilt, man wisse etwas, sondern irgend etwas anderes tut – Bekräftigen, Versichern, Bezeugen oder dergleichen –, und weil Austin zu jener Zeit über die Gegenüberstellung der explizit performativen Äußerungen und der kognitiven (»konstativen«, wie er sagt) Äußerungen noch nicht hinausgekommen war, und weil er die Untersuchung als Vergleich zwischen dem explizit performativen *Ich verspreche* und dem nicht-kognitiven *Ich weiß* aufzog, hat es über diesen Aufsatz fürchterliche Verwirrungen gegeben, gipfelnd in der Annahme, Austin fasse *Ich weiß, daß* ... als explizit performativ auf. Dann müßte Wissen ein illokutionärer Akt sein, was natürlich Unsinn ist. *Ich weiß, daß* ist primär performativ; die Äußerung macht nicht klar, um welchen illokutionären Akt es sich handelt. Tatsächlich kann man damit sehr verschiedene illokutionäre Akte vollziehen; Austin sagt nicht, um welchen Akt es ihm geht; aus der Art, wie er ihn kennzeichnet, nämlich aus den Umständen, die ihn nach Austin fehlschlagen lassen, scheint sich zu ergeben, daß es der Akt des Versicherns oder Bezeugens ist.

Die Angriffe, die man gegen eine *Ich weiß, daß*-Äußerung führen kann, weisen auf die Unglücksfälle hin, denen sie ausgesetzt ist; wir geben nur drei und dazu die Parallelen fürs Versprechen: *Du hast ja noch nie einen Distelfink gesehen! (Du hast ja gar keinen Ball!* – A 2) *Du zweifelst doch selbst daran! (Du meinst dein Versprechen ja nicht ernst!* – Γ 1) *Pech für dich – wir haben festgestellt, daß es eine Goldammer ist. (Der Ball ist aber nicht bei mir angekommen.* – Γ 2) Es gibt noch sehr viel mehr Angriffe; das Interessantere ist aber für skeptisch trainierte Erkenntnistheoretiker, was keine Angriffe gegen solche *Ich weiß, daß*-Äußerungen sind. Haltlose Angriffe sind keine Angriffe; man braucht sich ge-

gen Angriffe nicht zu verteidigen, wenn sie nicht konkretisiert werden. Der allgemeine Vorwurf, man könne doch einer Halluzination erlegen sein oder über Nacht vergessen haben, wie ein Distelfink aussieht, oder es könne sich doch immer noch herausstellen, daß es keiner sei, rüttelt nicht an meiner Berechtigung zu sagen *Ich weiß, daß der Vogel im Garten ein Distelfink ist*, solange nicht auf konkrete Verdachtsmomente für Halluzinationen, Gedächtnisschwäche oder Widerlegung hingewiesen wird.
Daraus, daß solche Angriffe auf meine Äußerungen unberechtigt wären, darf man darauf schließen, daß sie an der Berechtigung meiner Äußerung nicht rütteln können. Ich bin dazu berechtigt zu sagen *Ich weiß, daß . . .*, auch wenn Skeptiker mich vom Gegenteil überzeugen wollen. Allerdings wäre es eine falsche Folgerung, wollte man daraus den Schluß ziehen, daß eine skeptische Haltung gegenüber dem menschlichen Wissen falsch sei. Denn daraus, daß ich berechtigt bin zu sagen *Ich weiß*, folgt nicht, daß ich weiß, und zu einer Äußerung berechtigt sein ist etwas anderes als mit ihr recht haben. Solchen Fehlschlüssen entgeht Austin in »Other minds« nicht immer – ebensowenig wie der Skeptiker dem Fehlschluß daraus, daß ich nicht unbedingt weiß, darauf, daß ich nicht berechtigt bin zu sagen *Ich weiß*, und daraus, daß ich nicht unbedingt mit meiner Äußerung recht habe, darauf, daß ich nicht zu ihr berechtigt bin, entgeht.

Wie Ryle und anders als Wittgenstein ist Austin ein systematischer Kopf; er hatte offensichtlich das Gefühl, eine Theorie zu entwickeln, und er hatte seine Freude daran. Aber anders nicht nur als Wittgenstein, sondern auch anders als Ryle entwickelt Austin seine Untersuchungen nicht ausschließlich im Blick auf ihre philosophische Relevanz. Ryle hat seine systematische Unterscheidung von Dispositions- und Ereigniswörtern entwickelt, weil er in ihr ein machtvolles Instrument sowohl zur Zerstörung einer alten Theorie als auch zum Aufbau einer neuen sah; Wittgenstein hat überhaupt keine systematischen Sprachstudien getrieben, sondern von Fall zu Fall Klärungen vorgenommen, um philosophische Vorstellungen als die Ausgeburten sprachlicher Verwirrungen zu kennzeichnen. Bei Austin dagegen hat man den Eindruck, daß er erstens Untersuchungen der Sprache und des Sprechverhaltens vornimmt und sich dann zweitens freut, daß philosophische Ergebnisse dabei herauskommen. Natürlich ist das übertrieben; zum Beispiel sucht er sich gewöhnlich philosophische Schlüsselbegriffe als Untersuchungsgegenstand aus. Aber daß Austin mit Begeisterung Sprachwissenschaftler geworden wäre und die Philosophie an den Nagel gehängt hätte, wenn er von der Existenz der modernen linguistischen Methoden gewußt hätte, dürfte keine allzu leichtsinnige Behauptung sein.

Vorwort der Herausgeber zur zweiten Auflage der englischen Ausgabe

Dr. Sbisà ist Austins gesamte Notizen für diese Vorlesungen durchgegangen, hat sie mit dem gedruckten Text der 1. Auflage verglichen und sämtliche Punkte notiert, an denen ihr Verbesserungen möglich schienen. Die Herausgeber haben alle diese Stellen in Austins Notizen zusammen überprüft und daraufhin den gedruckten Text an einer Reihe von Stellen korrigiert und ergänzt. Sie sind der Überzeugung, daß der neue Text klarer und vollständiger ist und zugleich dem Text von Austins Notizen sorgsamer folgt. Im Anhang haben wir eine Reihe von Bemerkungen hinzugefügt, die Austin auf dem Rand oder zwischen den Zeilen seiner Notizen gemacht hat; ihr Sinn war nicht hinreichend klar, um sie in den Text aufzunehmen; dennoch könnten sie dem Leser hilfreich und interessant sein.

Marina Sbisà
J. O. Urmson

Vorwort des Herausgebers zur ersten Auflage der englischen Ausgabe

Die nachstehend veröffentlichten Vorlesungen hat Austin 1955 als William James Lectures an der Harvard Universität gehalten. Über die Auffassungen, die ihnen zugrunde liegen, sagt er in einer kurzen Anmerkung: Sie »haben sich ab 1939 entwickelt. In meinem Artikel *Other Minds* bin ich von ihnen ausgegangen, und Vorträge vor verschiedenen Gesellschaften haben bald etwas mehr von diesem Eisberg an die Oberfläche gebracht. . . .« Von 1952 bis 1954 hielt Austin in Oxford alljährlich Vorlesungen mit dem Titel *Words and*

Deeds – Worte und Taten. Die Manuskripte dafür hat er jedes Jahr überarbeitet; ihr Stoff entspricht ungefähr dem der William James Lectures. Für diese hat er das Manuskript neu geschrieben und Teile des alten hier und da eingearbeitet; das ist seine letzte schriftliche Bearbeitung des Stoffes. Allerdings hat er das Manuskript für seine späteren Oxforder Vorlesungen über *Worte und Taten* in Einzelheiten korrigiert und Randbemerkungen hinzugefügt.

Der Abdruck hält sich unter größtmöglichem Verzicht auf Editionsarbeit so genau wie möglich an die Vorlesungen. Hätte Austin sie selbst veröffentlicht, dann hätte er sie bestimmt in eine für den Druck passendere Form gebracht; zum Beispiel hätte er sicher die Wiederholungen am Anfang der zweiten und der folgenden Vorlesungen zusammengestrichen. Natürlich hat er sich beim Vortrag auch nicht sklavisch an den Text des Manuskripts gehalten; doch ist wohl den meisten Lesern mit einer peinlich genauen Wiedergabe des Manuskripts am besten gedient. Denn wir wissen, was Austin geschrieben hat; wir können nur vermuten, was er gedruckt hätte; wir können nur meinen, was er beim Vortrag wahrscheinlich gesagt hat. Der Leser wird deshalb nicht bedauern, kleine Mängel in Form und Stil und gewisse Inkonsequenzen in der Terminologie in Kauf nehmen zu müssen.

Indessen gibt der abgedruckte Text Austins Manuskript nicht genau wieder. Der Grund: Während der Text im Manuskript zum größten Teil – besonders im ersten Teil einer jeden Vorlesung – Satz für Satz vollständig ausgeführt ist und höchstens Kleinigkeiten wie Artikel und Konjunktionen ausläßt, wird er gegen Schluß der Vorlesungen oft viel lückenhafter, und die Randbemerkungen sind oft abgekürzt. An diesen Stellen ist das Manuskript im Lichte der genannten Notizen aus den Jahren 1952 bis 1954 interpretiert und ergänzt worden. Eine Überprüfungsmöglichkeit ergab sich durch den Vergleich mit Vorlesungsnachschriften von Hörern aus Amerika und England, mit dem

BBC-Vortrag *Performative Utterances* und mit der Bandaufnahme eines Vortrags *Performatives*, den Austin im Oktober 1959 in Göteborg gehalten hat. Der »Anhang zur englischen Ausgabe« unterrichtet im einzelnen über die Benutzung dieser Hilfsmittel. Möglicherweise ist durch die Interpretation gelegentlich ein Satz in den Text hineingeraten, den Austin nicht geduldet hätte; aber daß sein Gedankengang an irgendeiner Stelle falsch dargestellt wäre, ist sehr unwahrscheinlich.

Der Herausgeber dankt allen, die ihn durch die Überlassung ihrer Notizen und der Bandaufnahme unterstützt haben. Besonders verbunden ist er G. J. Warnock, der den ganzen Text äußerst gründlich durchgegangen ist und dem Herausgeber zahlreiche Fehler erspart hat; für den Leser ergibt sich dank dieser Hilfe ein wesentlich verbesserter Text.

J. O. Urmson

Erste Vorlesung

Ich habe nichts Schwieriges und schon gar nichts Anspruchsvolles zu sagen; als einziges Verdienst möchte ich dafür in Anspruch nehmen, daß es stimmt – wenigstens teilweise. Die Erscheinung, um die es geht, ist sehr verbreitet und liegt ganz offen zutage; hier und da müssen andere sie bemerkt haben. Aber ich habe noch niemanden gefunden, der sich richtig darum gekümmert hätte.

Die Philosophen haben jetzt lange genug angenommen, das Geschäft von »Feststellungen« oder »Aussagen« [statements] sei einzig und allein, einen Sachverhalt zu »beschreiben« oder »eine Tatsache zu behaupten«, und zwar entweder zutreffend oder unzutreffend. Die Grammatiker haben allerdings in der Regel darauf hingewiesen, daß nicht alle »Sätze« Aussagen sind (d. h. benutzt werden, um eine Aussage zu machen[1]): neben den Aussagesätzen der Grammatiker gibt es von alters her auch Fragesätze, Ausrufesätze, Befehls-, Wunsch- und Konzessivsätze. Zweifellos hat auch kein Philosoph das bestreiten wollen, obgleich »Satz« bisweilen leichtfertig für »Aussage« oder »Feststellung« benutzt worden ist. Und zweifellos war den Grammatikern wie den Philosophen auch klar, daß man mit den paar unzuverlässigen grammatischen Hilfsmitteln wie Wortstellung und dergleichen die Aussagen und Feststellungen nicht einmal einigermaßen von Fragen, Befehlen und so weiter unterscheiden kann. (Allerdings hat man sich mit den Schwierigkeiten, die daraus doch entstehen, gewöhnlich nicht abgegeben. Wie unterscheiden wir? Wo liegen Grenzen und Definitionen?)

In den letzten Jahren ist nun mancherlei, was Philosophen

1. Es ist natürlich falsch, daß ein Satz eine Aussage oder Feststellung *sein* könnte. Vielmehr wird er *benutzt*, wenn der Sprecher eine *Feststellung trifft*. Die Aussage oder Feststellung ist ihrerseits eine »logische Konstruktion« aus lauter Handlungen, die darin bestehen, daß Feststellungen getroffen werden.

und Grammatiker früher ohne weiteres als »Aussagen« angesehen hätten, mit einer ganz neuen Sorgfalt untersucht worden. Zu dieser Sorgfalt ist es – wenigstens in der Philosophie – erst indirekt gekommen. Am Anfang stand die Auffassung, Aussagen (über Tatsachen) müßten »verifizierbar« sein, und das führte zu der Ansicht, viele »Aussagen« seien sozusagen bloß Pseudoaussagen. (Diese Auffassung ist meist unglücklich dogmatisch formuliert worden.) Die ersten und auffälligsten Beispiele waren »Aussagen«, die trotz ihrer tadellosen syntaktischen Form als schlichter Unsinn erwiesen wurden. (Kant hat das wohl als erster systematisch durchgeführt.) Ständig sind neue Arten von Unsinn entdeckt worden; und obgleich man sie ohne systematische Ordnung läßt und sich zu oft mit undurchsichtigen Erklärungen zufriedengibt, hat das insgesamt nur Gutes getan. Nun geben wir zwar zu, daß wir Unsinn reden; aber sogar wir Philosophen setzen da Grenzen. Daraus hat sich in einem zweiten Schritt die Frage ergeben, wie viele der scheinbaren Pseudoaussagen denn überhaupt »Aussagen« darstellen *wollen*. Man nimmt jetzt allgemein an, daß viele Äußerungen, die wie Aussagen oder Feststellungen aussehen, eigentlich gar nicht oder nur zum Teil Informationen über Tatsachen vermitteln sollen. Vielleicht sollen zum Beispiel »ethische Aussagen« ganz oder wenigstens teilweise statt dessen Gefühle hervorrufen oder ein Verhalten vorschreiben oder das Verhalten auf andere Weise beeinflussen. Auch hier hat Kant Pionierarbeit geleistet. Häufig benutzen wir Äußerungen auch in einer Weise, die zumindest von der traditionellen Grammatik gar nicht mehr zu fassen ist. Man hat bemerkt, daß viele besonders haarige Wörter in anscheinend deskriptiven Feststellungen nicht der Erwähnung eines besonders seltsamen Elementes im berichteten Sachverhalt dienen, sondern daß sie Umstände anzeigen (nicht berichten), unter denen die Aussage gemacht wird, Einschränkungen, denen man sie unterwirft, daß sie anzeigen, wie sie zu nehmen ist, und dergleichen mehr. Wer solche Möglichkeiten, wie es früher gang und gäbe war, übersieht, begeht den »deskriptiven Fehlschluß«; aber das ist wohl kein guter Name, da »deskriptiv« selbst nur einen Sonderfall bezeichnet. Nicht alle wahren und falschen Aussagen sind Beschreibungen, und aus diesem Grunde ziehe ich den Ausdruck »konstative Äußerung« [constative] vor.

In dieser Form ist mittlerweile im einzelnen gezeigt oder doch sehr plausibel gemacht worden, daß viele traditionelle philosophische Schwierigkeiten aus einem Fehler entstanden sind: man hat Äußerungen, die *entweder* (aus interessanten nicht-grammatischen Gründen) sinnlos sind *oder aber* etwas ganz anderes als Aussagen oder Feststellungen darstellen sollen, einfach als Feststellungen über Tatsachen aufgefaßt.

Von diesen einzelnen Auffassungen und Behauptungen können wir nun halten, was wir wollen, und wir können die Verwirrung, in die Inhalt und Methode der Philosophie erst einmal geraten sind, noch so sehr beklagen: wir können nicht daran zweifeln, daß damit jetzt eine philosophische Revolution heraufzieht. Wenn jemand sie die größte und heilsamste in der Geschichte der Philosophie nennen will, so ist das keine kühne Behauptung, wenn man es recht bedenkt. Kein Wunder, daß man zunächst nur stückweise vorankam und daß am Anfang Parteiungen und sachfremde Ziele standen; mit Revolutionen ist das so. °

Die Äußerungen, die wir hier untersuchen werden[2], stellen nun im allgemeinen keine spezielle Art von Unsinn dar; freilich kann man sie, wie wir sehen werden, falsch gebrauchen und damit ganz spezielle Arten von »Unsinn« produzieren. Sie gehören vielmehr zu unserer zweiten Gruppe – den Kostümierten. Zwar müssen sie sich durchaus nicht als deskriptive oder konstative Tatsachenfeststellungen kostümieren; aber sie tun es ganz allgemein – seltsamerweise ge-

2. Was wir in diesen Abschnitten sagen, ist vorläufig und kann durch Späteres korrigiert werden.

rade dann, wenn sie ganz explizit formuliert sind. Soweit ich sehe, haben die Grammatiker diese »Verkleidung« nicht durchschaut, und Philosophen höchstens nebenbei[3]. Es wird daher nützlich sein, sie zunächst in ihrer irreführenden Form zu untersuchen und ihre typischen Eigenschaften durch die Gegenüberstellung zur Tatsachenfeststellung, die sie nachäffen, herauszuarbeiten.

Als erste Beispiele wählen wir also einige Äußerungen, die in keine bisher anerkannte *grammatische* Kategorie fallen können außer in die der Aussage, die kein Unsinn sind und die keines von den sprachlichen Gefahrensignalen enthalten, welche die Philosophen bislang entdeckt haben oder entdeckt zu haben glauben (komische Wörter wie »gut« und »alle«; verdächtige Hilfsverben wie »sollen« und »können«; zweifelhafte Konstruktionen wie das »wenn – dann«); sie enthalten allesamt (welch ein Zufall) ganz alltägliche Verben in der ersten Person Singular des Indikativ Präsens Aktiv[4]. Und zwar kann man Äußerungen finden, welche diese Bedingungen erfüllen, für die aber gilt:

A. Sie beschreiben, berichten, behaupten überhaupt nichts; sie sind nicht wahr oder falsch;

B. das Äußern des Satzes ist, jedenfalls teilweise, das Vollziehen einer Handlung, die man ihrerseits *gewöhnlich* nicht als »etwas sagen« kennzeichnen würde.

Das ist bei weitem nicht so paradox, wie es klingt oder wie ich es hinterlistig klingen lasse; nein, die Beispiele, die jetzt folgen, sind enttäuschend:

a. »Ja (sc. ich nehme die hier anwesende XY zur Frau)« als Äußerung im Laufe der standesamtlichen Trauung.

b. »Ich taufe dieses Schiff auf den Namen ›Queen Eliza-

3. Die Juristen müßten den wahren Sachverhalt am ehesten kennen; einige kennen ihn mittlerweile wohl. Aber sie erliegen dann doch wieder ihrer ängstlichen Fiktion, daß eine rechtliche Feststellung die Feststellung einer (rechtlichen) Tatsache sei.

4. Nicht ohne Grund; es sind lauter »explizit« performative Äußerungen, und zwar allesamt aus der vorherrschenden Klasse, die ich später »exerzitiv« nennen werde.

beth‹« als Äußerung beim Wurf der Flasche gegen den Schiffsrumpf.

c. »Ich vermache meine Uhr meinem Bruder« als Teil eines Testamentes.

d. »Ich wette einen Fünfziger, daß es morgen regnet.«

Jeder würde sagen, daß ich mit diesen Äußerungen etwas Bestimmtes tue (natürlich nur unter passenden Umständen); dabei ist klar, daß ich mit ihnen nicht beschreibe, was ich tue[5], oder feststelle, daß ich es tue; den Satz äußern heißt: es tun. Keine der angeführten Äußerungen ist wahr oder falsch; ich stelle das als offenkundig fest und begründe es nicht. Eine Begründung ist genauso unnötig wie dafür, daß »verflixt« weder wahr noch falsch ist. Möglicherweise dient die Äußerung jemandem zur Information; aber das ist etwas ganz anderes. Das Schiff taufen *heißt* (unter passenden Umständen) die Worte »Ich taufe« usw. äußern. Wenn ich vor dem Standesbeamten oder am Altar sage »Ja«, dann berichte ich nicht, daß ich die Ehe schließe; ich schließe sie.

Wie sollen wir Sätze oder Äußerungen[6] dieser Art nennen? Ich schlage als Namen »performativer Satz« oder »performative Äußerung« vor. Den Ausdruck »performativ« werden wir in einer Reihe verwandter Arten und verwandter Konstruktionen benutzen, ganz ähnlich wie es mit dem Ausdruck »Imperativ« ist[7]. Der Name stammt natürlich von »to

5. Erst recht heißt es nichts beschreiben, was ich getan habe oder noch tun werde.

6. »Sätze« sind eine Teilklasse der »Äußerungen«; was mich betrifft, ist diese Klasse grammatikalisch zu definieren. Allerdings bezweifle ich, daß man eine befriedigende Definition schon hat. Ein sehr wichtiges Gegenstück zu den performativen Äußerungen sind zum Beispiel die »konstativen« Äußerungen. Wer eine konstative Äußerung tut (d. h. sich über etwas im Laufe der Geschichte konkret Vorliegendes äußert), trifft eine Feststellung. Eine performative Äußerung kann man zum Beispiel tun, indem man eine Wette abschließt. Näheres s. u. unter »illokutionären Akten«.

7. Früher habe ich »performatorisch« benutzt. »Performativ« ziehe ich vor, weil es kürzer, nicht so häßlich, leichter zu handhaben und traditioneller gebildet ist.

perform«, »vollziehen«: man »vollzieht« Handlungen. Er soll andeuten, daß jemand, der eine solche Äußerung tut, damit eine Handlung vollzieht – man faßt die Äußerung gewöhnlich nicht einfach als bloßes Sagen auf.
Eine Reihe anderer Ausdrücke bieten sich an; sie würden für die eine oder andere größere oder kleinere Gruppe von performativen Äußerungen passen. Viele performative Äußerungen sind zum Beispiel *vertragliche* (»ich wette«) oder *deklaratorische* (»ich erkläre Krieg«) Äußerungen. Aber ich kenne keinen geläufigen Ausdruck, der annähernd umfassend wäre, um sie alle einzubeziehen. ° Ich habe ein neues Wort gewählt, dem wir vielleicht nicht von vornherein eine bestimmte Bedeutung anhängen, wenn auch seine Etymologie eine gewisse Rolle spielen dürfte. °

Sollen wir also solche Dinge sagen?:

»Heiraten heißt ein paar Worte sagen.«
»Wetten heißt einfach etwas sagen.«

Das hört sich zunächst seltsam oder sogar frech an; aber mit den nötigen Einschränkungen wird es vielleicht alles andere als seltsam.
Ein erster vernünftiger Einwand, der durchaus Gewicht hat, ist der folgende: In sehr vielen Fällen läßt sich eine Handlung genau derselben Art *ohne* sprachliche (gesprochene oder geschriebene) Äußerungen vollziehen – man macht es anders. In manchen Ländern kann man zum Beispiel die Ehe durch Beiwohnen schließen; ich kann am Totalisator wetten, indem ich eine Münze in den Schlitz stecke. Vermutlich müßten wir also unsere Sätze oben umkehren und sagen: »Ein paar ganz bestimmte Worte sagen heißt heiraten« oder: »In bestimmten Fällen heißt heiraten einfach ein paar Worte sagen«; und: »Einfach etwas ganz Bestimmtes äußern heißt wetten.«
Den tieferen Grund dafür, daß solche Bemerkungen gefährlich klingen, bildet aber wahrscheinlich eine andere, offenkundige Tatsache. Wir werden später im Detail auf sie zu-

rückkommen müssen; vorläufig nur so viel: Das Äußern der Worte ist gewöhnlich durchaus ein entscheidendes oder sogar *das* entscheidende Ereignis im Vollzuge der Handlung, um die es in der Äußerung geht (des Wettens zum Beispiel); aber es ist alles andere als üblich (wenn es überhaupt vorkommt), daß *nur* das Äußern der Worte nötig ist, wenn die Handlung vollzogen sein soll. Ganz allgemein gesagt, ist es immer nötig, daß die *Umstände*, unter denen die Worte geäußert werden, in bestimmter Hinsicht oder in mehreren Hinsichten *passen*, und es ist sehr häufig nötig, daß der Sprecher oder andere Personen *zusätzlich* gewisse *weitere* Handlungen vollziehen – ob nun »körperliche« oder »geistige« Handlungen oder einfach die, gewisse andere Worte zu äußern. Wenn ich ein Schiff taufen will, ist es zum Beispiel wesentlich, daß ich dazu bestimmt bin. Wenn ich (christlich) heiraten will, ist es wesentlich, daß ich nicht bereits mit einer noch lebenden Frau verheiratet bin, die geistig gesund und nicht von mir geschieden ist; und so weiter. Damit eine Wette abgeschlossen wird, ist es ganz allgemein nötig, daß jemand die Wette annimmt (und dazu muß er etwas tun, etwa sagen: »Die Wette gilt«). Und ich mache wohl kaum ein Geschenk, wenn ich *sage*: »Ich schenke es dir«, es aber nie übergebe.

So weit, so gut. Die Handlung kann auf andere Weise als mit der performativen Äußerung vollzogen werden; und jedenfalls müssen die Umstände, weitere Handlungen eingeschlossen, passen. Mit unserem Einspruch können wir aber etwas ganz anderes und diesmal ganz Falsches im Sinne haben, besonders wenn wir an so ehrfurchtgebietende performative Äußerungen denken wie: »Ich verspreche, zu ...« Das muß man doch wohl »ernsthaft« sagen und auch so, daß es »ernst« genommen wird? Das ist recht vage, stimmt aber ganz generell – eine wichtige Selbstverständlichkeit bei jeder Frage nach der Absicht hinter einer Äußerung. Zum Beispiel darf ich sie weder scherzhaft äußern noch als Verszeile niederschreiben. Aber wir haben dann leicht die Vorstellung, ihre Ernsthaftigkeit bestünde darin, daß die Worte (bloß) als äußeres, sichtbares Zeichen eines inneren geistigen Aktes fungierten – weil es gerade paßt oder weil man ihn festhalten oder mitteilen möchte. Von da ist es nur noch ein kleiner Schritt zu der unbewußten Annahme, daß die öffentliche Äußerung oft als *wahre oder falsche* Beschreibung des inneren Vollzuges gemeint sei. Ihren klassischen Ausdruck hat diese Vorstellung im »Hippolytos« (I. 612) gefunden, wo Hippolytos sagt:

ἡ γλῶσσ' ὀμώμοχ', ἡ δὲ φρὴν ἀνωμοτός,

d. h.: »Meine Zunge hat geschworen, mein Herz (oder Geist oder sonst ein Künstler hinter den Kulissen) aber nicht.«[8] In dieser Weise soll mich dann die Äußerung »Ich verspreche, zu ...« verpflichten – die Äußerung macht meine geistige Übernahme einer geistigen Fessel aktenkundig.

Es ist befriedigend, gerade an diesem Beispiel zu sehen, wie ein Übermaß an Tiefe, oder sagen wir besser Erhabenheit, der Unmoral den Weg ebnet. Denn wer sagt: »Versprechen erschöpft sich nicht darin, daß man Worte äußert! Es ist ein innerer, geistiger Akt!« wird aussehen wie ein fester Vertreter der Moral, der sich einer Generation von oberflächlichen Denkern entgegenstellt. Wir sehen ihn, wie er sich sieht: einer, der die unsichtbaren Tiefen des ethischen Raumes überblickt, mit all der Überlegenheit eines Spezialisten in dem, was sui generis ist. Aber er ist es, der Hippolytos mit einer Ausrede versorgt, den Bigamisten mit einer Entschuldigung für sein »Ja« und den Wettbetrüger mit einer Rechtfertigung für sein »Ich wette«. Genauigkeit und Moral finden sich beide auf der Seite des klaren »Ein Mann, ein Wort«.

Schließen wir also solche märchenhaften inneren Akte aus; können wir dann annehmen, daß etwas von dem normalen sonstigen Zubehör von Äußerungen wie »Ich verspreche«

8. Ich will aber nicht etwa alle loswerden, die hinter der Bühne arbeiten – Beleuchter, Regisseur, nicht einmal den Souffleur; ich wende mich bloß gegen gewisse aufdringliche Ersatzleute.

oder »Ja« (im Standesamt) von ihr beschrieben wird; daß somit dadurch, daß es vorhanden ist, die Äußerung wahr, oder dadurch, daß es fehlt, die Äußerung falsch würde? Nun, fangen wir mit dem zweiten an und untersuchen wir zunächst, was wir denn tatsächlich über Äußerungen sagen, denen der eine oder andere normale Begleitumstand *fehlt.* Wir sagen nie, daß die Äußerung falsch war, sondern daß sie – oder vielmehr die *Handlung*[9], zum Beispiel das Versprechen – nichtig oder unehrlich war oder daß sie gar nicht ausgeführt worden ist. Was insbesondere das Versprechen angeht (bei vielen anderen performativen Äußerungen ist es genauso), so gehört dazu, daß die Person, die das Versprechen gibt, eine bestimmte Absicht hat, nämlich Wort zu halten; von allen Begleitumständen sieht diese Absicht nach dem passendsten Kandidaten für das aus, was »Ich verspreche« beschreiben oder feststellen könnte.

Nennen wir nicht tatsächlich ein Versprechen, dem die Absicht fehlt, ein »falsches« Versprechen? Indessen bedeutet diese Redeweise *nicht*, daß die Äußerung »Ich verspreche, daß ...« in dem Sinne falsch wäre, daß er zwar behauptet, er verspräche, aber in Wahrheit nicht verspricht, oder daß er beschreibt, wie er verspricht, aber fehlerhaft – daß er also einen unzutreffenden Bericht liefert. Denn er verspricht *doch*; das Versprechen ist nicht einmal *nichtig*, wenngleich *unehrlich*. Seine Äußerung ist vielleicht irreführend, wahrscheinlich betrügerisch und ohne Zweifel unrecht; aber sie ist keine Lüge und auch keine unzutreffende Feststellung. Man könnte allenfalls plausibel machen, daß sie etwas Falsches zu verstehen gibt (nämlich daß er die Absicht habe, das Versprochene zu tun); aber das ist etwas ganz anderes. ⟨Wenn wir von einer falschen Heirat sprechen, dann meinen wir eine unkluge Heirat, mit einem falschen Vermächtnis ein unzweckmäßiges oder ein gefälschtes Testament; »falsch« hat hier also nicht die Bedeutung, in der es in »falsches Verspre-

9. Eine genaue Unterscheidung zwischen beidem sparen wir uns, weil es hier nicht auf sie ankommt.

chen« in die Nähe von »lügnerisch« rückt.〉 Und daß wir wirklich von einem falschen Versprechen reden, legt uns genausowenig fest, wie daß wir von falschen Zügen reden. »Falsch« wird eben nicht unbedingt nur für Aussagen benutzt.

Zweite Vorlesung

Wie Sie sich erinnern, wollten wir ein paar Fälle untersuchen (nur ein paar, hilf Himmel!), in denen etwas *sagen* etwas *tun* heißt; in denen wir etwas tun, *dadurch daß* wir etwas sagen oder *indem* wir etwas sagen. Man stößt auf diese Frage (neben vielen anderen), seit man neuerdings eine uralte philosophische Annahme in Frage stellt – daß etwas sagen in allen beachtenswerten Fällen, d. h. in allen beachteten Fällen, bloß darauf hinauslaufe, etwas *festzustellen*. Diese Annahme ist zweifellos nicht bewußt, ist außerdem zweifellos falsch, aber anscheinend in der Philosophie das Natürlichste von der Welt. Wir sollen schwimmen lernen, bevor wir ins Wasser gehen: wie sollten wir Fehler korrigieren, wenn wir nie welche machen könnten?

Durch Beispiele habe ich Ihre Aufmerksamkeit auf ein paar schlichte Äußerungen gelenkt, die als performatorische oder performative Äußerungen bekannt sind. An der Oberfläche haben sie das Aussehen – oder jedenfalls die grammatische Politur – von »Aussagen«; nichtsdestoweniger zeigt genaueres Hinsehen, daß sie *keine* Äußerungen darstellen, die »wahr« oder »falsch« sein könnten. Traditionell ist das aber das typische Merkmal von Aussagen. Eines unserer Beispiele war die Äußerung »Ja (ich nehme die hier anwesende XY zur Frau)« im Laufe der standesamtlichen Trauung. Wir würden hier sagen, daß wir mit der Äußerung etwas *tun*, und zwar heiraten, und nicht etwa etwas berichten, etwa *daß* wir heiraten. Und man kennzeichnet die Handlung des Heiratens, genauso wie etwa die des Wettens, jedenfalls *besser* (wenn auch immer noch nicht *genau*) als das *Äußern bestimmter Wörter* denn als den Vollzug einer andersartigen, innerlichen, geistigen Handlung, deren bloß äußeres, hörbares Zeichen die Wörter wären. Das kann man wohl kaum *beweisen*, aber ich möchte doch behaupten, daß es stimmt.

Es ist bemerkenswert, daß, wie ich höre, im amerikanischen

Verfahrensrecht der Bericht über die Äußerung eines andern als Beweis zulässig ist, wenn es sich um eine in unserem Sinne performative Äußerung gehandelt hat; das wird nicht als Bericht über etwas angesehen, das er *gesagt* hat – das wäre Zeugnis vom Hörensagen und als Beweis unzulässig –, sondern als Bericht über etwas, das er *getan* hat, über seine Handlung. Das paßt sehr gut zu unseren vorläufigen Vorstellungen von performativen Äußerungen.

Bisher haben wir also nur den festen Boden des Vorurteils unter unseren Füßen weggleiten fühlen. Wie müssen wir als Philosophen jetzt weitermachen? Wir könnten natürlich alles zurücknehmen; oder wir könnten in logischen Schritten weitermachen und im grundlosen Sumpf versinken. Aber alles zu seiner Zeit! Wir wollen zunächst wenigstens die Kleinigkeit untersuchen, die wir schon beiläufig erwähnt haben – diese Sache mit den »passenden Umständen«. Ich habe nebenbei darauf hingewiesen, daß Wetten nicht einfach darin besteht, die Worte »Ich wette« und so weiter zu äußern; jemand könnte genau das tun, und trotzdem brauchten wir nicht der Meinung zu sein, daß er die Wette wirklich zustande gebracht habe. Um uns davon zu überzeugen, brauchen wir unsere Wette zum Beispiel bloß anzubieten, wenn das Rennen schon gelaufen ist. Außer daß man die Wörter der performativen Äußerung aussprechen muß, müssen in der Regel eine ganze Menge anderer Dinge in Ordnung sein und richtig ablaufen, damit man sagen kann, wir hätten unsere Handlung glücklich zustande gebracht. Wir hoffen, daß wir diese Dinge entdecken können, indem wir Fälle untersuchen und klassifizieren, in denen etwas *schiefläuft* und die Handlung – Heiraten, Wetten, Taufen, Vermachen oder was es gerade ist – deshalb mindestens zu einem gewissen Grade ein Mißerfolg ist. Wir können die Äußerung dann nicht falsch nennen; sie ist im allgemeinen *verunglückt.* Die Lehre davon, *was bei solchen Äußerungen schiefgehen kann,* nennen wir die Lehre von den *Unglücksfällen [infelicities].*

Versuchen wir also zunächst einmal, wenigstens einige von den Dingen schematisch festzuhalten, ohne die keine performative Äußerung glatt und »glücklich« [happy] läuft (oder jedenfalls keine der hochentwickelten explizit performativen Äußerungen, mit denen wir es bislang allein zu tun hatten); ich möchte nicht behaupten, daß das Schema in irgendeiner Weise endgültig ist. Anschließend geben wir Beispiele für Unglücksfälle und ihre Folgen. Ich fürchte und hoffe gleichzeitig, daß diese notwendigen Bedingungen Ihnen selbstverständlich vorkommen.

(A.1) Es muß ein übliches konventionales Verfahren mit einem bestimmten konventionalen Ergebnis geben; zu dem Verfahren gehört, daß bestimmte Personen unter bestimmten Umständen bestimmte Wörter äußern.

(A.2) Die betroffenen Personen und Umstände müssen im gegebenen Fall für die Berufung auf das besondere Verfahren passen, auf welches man sich beruft.

(B.1) Alle Beteiligten müssen das Verfahren korrekt

(B.2) und vollständig durchführen.

(Γ.1) Wenn, wie oft, das Verfahren für Leute gedacht ist, die bestimmte Meinungen oder Gefühle haben, oder wenn es der Festlegung eines der Teilnehmer auf ein bestimmtes späteres Verhalten dient, dann muß, wer am Verfahren teilnimmt und sich so darauf beruft, diese Meinungen und Gefühle wirklich haben, und die Teilnehmer müssen die Absicht haben, sich so und nicht anders zu verhalten[10],

(Γ.2) und sie müssen sich dann auch so verhalten.

Sündigen wir gegen eine oder mehrere von diesen sechs Regeln, dann ist unsere performative Äußerung in der einen oder anderen Weise verunglückt [unhappy]. Aber natürlich

10. Wir werden später erklären, warum wir die Forderung, daß die jeweilige Person diese Meinungen, Gefühle und Absichten haben muß, nicht einfach zu den »Umständen« schlagen, um die es unter (A) geht.

bestehen zwischen den sechs Möglichkeiten beträchtliche Unterschiede; das sollen die Buchstaben und Ziffern andeuten. Der erste große Unterschied besteht zwischen den vier Regeln unter A und B zusammen und auf der anderen Seite den beiden Γ-Regeln (daher die Unterscheidung von lateinischen und griechischen Buchstaben). Verstoßen wir gegen eine der A- oder B-Regeln, benutzen wir also etwa die Formel fehlerhaft oder sind wir nicht in der Lage, die Handlung zu vollziehen, weil wir zum Beispiel schon verheiratet sind oder weil an Stelle des Kapitäns der Zahlmeister die Zeremonie leitet: dann wird die Handlung, hier das Heiraten, überhaupt nicht erfolgreich vollzogen, sie wird nicht vollendet, sie kommt nicht zustande. In den beiden Γ-Fällen dagegen *kommt* sie zustande, wenn auch ihr Vollzug unter solchen Umständen – etwa wenn wir unehrlich sind – einen Mißbrauch des Verfahrens darstellt. Sage ich zum Beispiel: »Ich verspreche«, aber ohne die Absicht, das Versprechen zu halten, dann habe ich versprochen; aber –. Wir brauchen Namen, um diesen grundlegenden Unterschied zu kennzeichnen; die A- und B-Unglücksfälle, dank denen die Handlung, um deretwillen und zu deren Ausführung die Formel da ist, nicht zustande kommt, nennen wir *»Versager« [misfires]*; die anderen Fälle, wo die Handlung *doch* zustande kommt, können wir *»Mißbräuche« [abuses]* nennen (halten Sie sich nicht zu sehr an die üblichen Bedeutungen der Termini!). Wo die Äußerung ein Versager ist, kommt das Verfahren, auf das wir uns berufen, nicht in Frage oder wird verletzt; und unsere Handlung (Heiraten und so weiter) ist nichtig oder unwirksam und so weiter. Wir nennen unsere Handlung »vorgespiegelt« oder auch einen Versuch; oder wir benützen Ausdrücke wie: »Er hat die Trauungszeremonie durchgespielt«, statt zu sagen: »Er hat geheiratet.« In den Γ-Fällen nennen wir unsere verunglückte Handlung dagegen statt »vorgespiegelt« oder »so getan, als ob« eher »unehrlich«, oder wir sagen: »Es war ihm nicht ernst damit.« Und statt zu sagen, sie sei nichtig oder unwirksam, sagen wir eher, sie sei nicht ausgeführt (Versprechen) oder nicht vollzogen (Ehe). Aber ich sage gleich dazu, daß das keine klaren und sauberen Unterscheidungen sind; insbesondere darf man bei Wörtern wie »vorgespiegelt«, »vorgeblich«, »so getan, als ob« und »unehrlich« nicht nachbohren.

Zwei Schlußbemerkungen darüber, daß eine Handlung nichtig oder unwirksam ist. Natürlich bedeutet das nicht, daß man gar nichts getan hat – im Gegenteil, sogar eine ganze Menge: höchst interessanter Weise haben wir ein Vergehen der Bigamie begangen. Aber wir haben eben nicht die beabsichtigte Handlung zustande gebracht, nämlich zu heiraten. Denn trotz seinem Namen heiratet der Bigamist nicht zweimal. (Kurz: Heiraten ist eine Boolesche Algebra.) Zweitens heißt »unwirksam« hier nicht »ohne Folgen, ohne Ergebnisse, ohne Konsequenzen«.

Als nächstes müssen wir klären, welcher Unterschied die Versager in A- und B-Fälle trennt. Die beiden A-Fälle sind *Fehlberufungen [misinvocations]* auf ein Verfahren; entweder *gibt* es, ganz vage ausgedrückt, kein solches Verfahren; oder das fragliche Verfahren kann nicht so angewandt werden, wie es versucht wird. Unglücksfälle der Art A können wir also *Fehlberufungen* nennen. Die zweite Art von Fehlberufungen, wo also das Verfahren wohl existiert, aber nicht wie versucht angewandt werden kann, können wir ganz gut *Fehlanwendungen [misapplications]* taufen; für die erste Art habe ich keinen guten Namen finden können. Im Unterschied zu den A-Fällen ist für die B-Fälle wesentlich, daß es das Verfahren durchaus gibt und daß es auch anwendbar ist, daß wir aber die Zeremonie verpfuschen und uns damit mehr oder weniger gräßliche Konsequenzen einhandeln. Im Unterschied zu den A-Fällen werden wir daher die B-Fälle statt Fehlberufungen *Fehlausführungen [misexecutions]* nennen. Die unternommene Handlung wird dadurch *verdorben*, daß die Zeremonie durch einen Fehler getrübt wird oder eine Lücke bleibt. Die Klasse B.1 sind die

Trübungen [flaws], B.2 die *Lücken [hitches]*. Wir erhalten dann die folgende Einteilung[11]:

<table>
<tr><td colspan="6" align="center">Unglücksfälle</td></tr>
<tr><td colspan="4" align="center">A, B
Versager
(Die unternommene Handlung kommt nicht zustande)</td><td colspan="2" rowspan="2" align="center">Γ
Mißbräuche
(Die Handlung kommt zustande, ist aber unehrlich)</td></tr>
<tr><td colspan="2" align="center">A
Fehlberufung
(Die Handlung kommt nicht in Frage)</td><td colspan="2" align="center">B
Fehlausführung
(Die Handlung wird verdorben)</td></tr>
<tr><td align="center">A.1
?</td><td align="center">A.2
Fehlanwendung</td><td align="center">B.1
Trübung</td><td align="center">B.2
Lücke</td><td align="center">Γ.1
Unredlichkeit</td><td align="center">Γ.2
?</td></tr>
</table>

Vermutlich gibt es bei A.1 und Γ.2 gewisse Zweifel; wir werden noch genauer darauf eingehen.
Bevor wir in Einzelheiten gehen, gestatten Sie mir ein paar allgemeine Bemerkungen über diese Unglücksfälle. Wir können fragen:

(1) Auf Handlungen welcher Art ist der Begriff des Verunglückens anwendbar?
(2) Wie vollständig sind die Unglücksfälle hier erfaßt?
(3) Schließen sich die Untergruppen gegenseitig aus oder überschneiden sie sich?

11. Von Zeit zu Zeit hat Austin für die verschiedenen Unglücksfälle weitere Namen benutzt. Für den interessierten Leser geben wir einige an: A.1 Non-play (spielt nicht mit); A.2 Misplays (spielt nicht richtig); B Miscarriages (Fehlschläge); B.1 Misexecutions (Fehlausführungen); B.2 Non-executions (Nichtausführungen); Γ Disrespects (Mißachtungen); Γ.1 Dissimulations (Verstellungen); Γ.2 Non-fulfilments, Disloyalties, Infractions, Indisciplines, Breaches (Nichterfüllungen, Disziplinlosigkeiten, Treulosigkeiten, Brüche, Übertretungen, Verletzungen, Verstöße). (J. O. U.)

(1) Was kann alles verunglücken?
Eines scheint zunächst klar: Zwar haben wir uns vom Verunglücken von Handlungen, die mindestens teilweise aus dem *Äußern von Worten* bestehen, fesseln lassen (oder auch nicht); aber das Verunglücken ist eine Krankheit, der *alle* Handlungen ausgesetzt sind, die in allgemein üblichen Formen oder zeremoniell ablaufen müssen, also alle *konventionalen* Handlungen. (Freilich kann nicht *jedes* Ritual in *allen* genannten Formen verunglücken; das kann auch nicht jede performative Äußerung.) Das zeigt allein die Tatsache, daß viele konventionale Handlungen – etwa Wetten oder Eigentum-Übertragen – außersprachlich vollzogen werden können. Bei allen derartigen konventionalen Verfahren muß man Regeln der gleichen Art befolgen; wir müssen nur bei A von der sprachlichen Äußerung absehen. So weit ist alles klar.

Darüber hinaus will ich an die bemerkenswerte Tatsache erinnern, daß viele von den »Akten«, mit denen der Rechtswissenschaftler zu tun hat, performative Äußerungen sind, und weiter, zu wie vielen davon performative Äußerungen gehören; oder an Stelle von performativen Äußerungen konventionale Verfahren. Und Sie werden natürlich bemerken, daß Rechtstheoretiker in der einen oder anderen Weise immer wieder auf die verschiedenen Arten von Unglücksfällen und bisweilen sogar auf die Besonderheiten der performativen Äußerung geachtet haben. Nur das immer noch weit verbreitete Vorurteil, Rechtssätze und Sätze in Rechtsgeschäften *müßten* so oder so Aussagen sein, also wahr oder falsch, hat viele Juristen daran gehindert, sich über die ganze Angelegenheit viel klarer zu werden, als wir es für uns hoffen können – und ich möchte nicht einmal behaupten, daß niemand von ihnen sich darüber sehr klar geworden ist. Für uns ist es aber unmittelbar wichtiger zu sehen, daß aus demselben Grunde sehr viele ethisch relevante Handlungen – anders als Philosophen leichthin annehmen – letzten Endes *nicht* einfach bloß *körperliche Bewegungen* sind: sehr viele

von ihnen sind ganz oder teilweise konventional und daher unter anderem dem Risiko ausgesetzt zu verunglücken.
Schließlich können wir fragen – und dazu muß ich den Zipfel ein Stückchen lüften –: Läßt sich unser Begriff des Verunglückens auf Äußerungen anwenden, die Feststellungen sind? Bisher haben wir das Verunglücken als typisch für die *performative* Äußerung dargestellt, und diese hatten wir im wesentlichen durch Gegenüberstellung zu der als bekannt vorausgesetzten »Feststellung« oder »Aussage« definiert (wenn wir von Definition reden dürfen). Ich will es einstweilen bei einer Bemerkung belassen. Eine der jüngsten philosophischen Entwicklungen bestand in einer Untersuchung jener »Feststellungen«, die nicht direkt falsch und auch nicht »widersprüchlich« sind, aber trotzdem aus dem Rahmen fallen. Ein Beispiel bieten die Feststellungen, die über etwas gehen, das nicht existiert, wie: »Der heutige König von Frankreich hat eine Glatze.« Man fühlt sich versucht, eine solche Äußerung so ähnlich aufzufassen, wie wenn jemand etwas zu vermachen vorgibt, was ihm gar nicht gehört. Wird nicht in beiden Fällen eine Existenzvoraussetzung gemacht? Kann man nicht eine Feststellung, die über etwas spricht, was es nicht gibt, viel besser nichtig als falsch nennen? Und je mehr wir Feststellungen nicht als Sätze und nicht als Propositionen ansehen, sondern als einen Akt des Sprechens, aus dem Satz und Proposition sich logisch konstruieren lassen, desto näher rücken wir sie in unserer Betrachtung an Handlungen heran. Ein anderer Fall: Lüge und falsches Versprechen ähneln einander ganz offenkundig. Wir werden später darauf zurückkommen müssen[12].

(2) Unsere zweite Frage war: Erfaßt unsere Einteilung alle Unglücksfälle?
(I) Zunächst müssen wir folgendes bedenken: Wenn wir performative Äußerungen tun, dann kann man ganz ver-

12. Siehe S. 65 ff. (J. O. U.)

nünftiger Weise sagen, daß wir »Handlungen vollziehen«; und als Handlungen können sie dann in ganz verschiedenen Dimensionen in Unordnung sein, so wie alle anderen Handlungen auch; aber diese Dimensionen sind von dem, was wir unter dem Titel »Unglücksfall« untersuchen wollen, wohl zu unterscheiden. Ich denke daran, daß Handlungen im allgemeinen (nicht immer) zum Beispiel unter Zwang oder versehentlich oder auf Grund eines Fehlers oder in anderer Weise ohne Absicht getan werden können. In vielen derartigen Fällen werden wir auf keinen Fall einfach sagen, daß der Mensch das und das »getan« habe. Ich will auf die Frage hier nicht allgemein eingehen; nur so viel: In vielen solchen Fällen sagen wir, die Handlung sei nichtig (oder auf Grund von Zwang oder unerlaubter Einflußnahme anfechtbar) und so weiter. Ich glaube, daß eine sehr allgemeine Theorie beides zusammenfassen könnte: sowohl unsere Unglücksfälle als auch diese besonderen Arten, auf die Handlungen schiefgehen können (insbesondere auch Handlungen, zu denen eine performative Äußerung gehört). Wir lassen diese anderen Arten aber beiseite. Dabei müssen wir im Auge behalten, daß solche Elemente ständig in unsere Beispiele eingehen können und eingehen werden. Man würde bei ihnen gewöhnlich von »Entschuldigungsgründen« reden oder von »Tatsachen, die die Verantwortlichkeit des Täters ausschließen oder mindern«.

(II) Zweitens sind unsere performativen Äußerungen als *Äußerungen* gewissen anderen Übeln ausgesetzt, die *alle* Äußerungen befallen können. Und auch sie schließen wir für unsere Untersuchung in voller Absicht aus, obwohl eine umfassendere Theorie sie einschließen könnte. Ich meine zum Beispiel folgendes: In einer *ganz besonderen Weise* sind performative Äußerungen unernst oder nichtig, wenn ein Schauspieler sie auf der Bühne tut oder wenn sie in einem Gedicht vorkommen oder wenn jemand sie zu sich selbst sagt. Jede Äußerung kann diesen Szenenwechsel in gleicher Weise erleben. Unter solchen Umständen wird die Sprache auf ganz bestimmte, dabei verständliche und durchschaubare Weise unernst gebraucht, und zwar wird der gewöhnliche Gebrauch parasitär ausgenutzt. Das gehört zur Lehre von der *Auszehrung [etiolation]* der Sprache. All das schließen wir aus unserer Betrachtung aus. Ganz gleich, ob unsere performativen Äußerungen glücken oder nicht, sie sollen immer unter normalen Umständen getan sein.

(III) Teils um Überlegungen dieser Art wenigstens für jetzt auszuschließen, habe ich etwas nicht ins Spiel gebracht, was dem Verunglücken recht ähnlich ist und fast auch »Unglücksfall« genannt werden könnte – wenn es nämlich ein »Mißverständnis« [misunderstanding] gibt. Für ein Versprechen ist es im Normalfall offensichtlich nötig,

(A) daß jemand mich *gehört* hat – etwa der, dem ich mein Versprechen gebe,

(B) und daß er verstanden hat, daß ich ein Versprechen gegeben habe.

Sind eine oder beide Bedingungen nicht erfüllt, dann ist es zweifelhaft, ob ich tatsächlich ein Versprechen gegeben habe, und man könnte behaupten, daß mein Versprechen bloßer Versuch geblieben oder daß es nichtig sei. Das Recht kennt besondere Vorsichtsmaßnahmen zur Vermeidung solcher und ähnlicher Unglücksfälle, zum Beispiel schriftliche Vorladungen. Auf diesen sehr wichtigen Punkt werden wir später in einem anderen Zusammenhang zurückkommen.

(3) Schließen die Gruppen von Unglücksfällen sich aus? Die Antwort liegt auf der Hand.

(a) Nein in dem Sinne, daß wir zwei Fehler auf einmal machen können. (Wir können einem Esel das nicht ernst gemeinte Versprechen geben, ihm eine Möhre zu schenken.)

(b) Nein in dem wichtigeren Sinne, daß die Arten, auf die etwas schiefgehen kann, »ineinander übergehen« und »sich überschneiden« und die Unterscheidung zwischen ihnen in mehreren Hinsichten »willkürlich« ist.

Nehmen Sie etwa an, ich sehe ein Schiff vor dem Stapellauf,

gehe hin, schmettere die Flasche dagegen, die am Rumpf hängt, verkünde: »Ich taufe dieses Schiff ›Stalin‹« und schlage, um das Maß vollzumachen, die Keile weg; das Dumme ist bloß: Ich war nicht für die Taufe bestimmt (ganz gleich, ob – um die Sache noch zu komplizieren – »Stalin« der Name sein sollte; vielleicht ist es noch gemeiner, wenn er es war). Wir können uns einig sein,

(1) daß das Schiff damit nicht getauft worden ist[13]

(2) und daß es eine unglaubliche Gemeinheit ist.

Man könnte sagen, daß ich das Taufen des Schiffes »durchgespielt« habe, daß meine Handlung aber »nichtig« oder »unwirksam« war, weil ich nicht die richtige Person war, nicht die »Kompetenz« dazu hatte; man könnte aber statt dessen auch sagen, wo einer nicht einmal so tun könne, als sei er kompetent, wo kein Schatten eines Anspruchs auf Kompetenz zu entdecken sei, da gebe es auch kein übliches konventionales Verfahren; es sei eine Alberei wie die Trauung mit einem Esel. Schließlich könnte man sagen, ein Teil des Verfahrens bestehe darin, für die Aufgabe bestimmt zu werden. Als der Heilige die Pinguine taufte: war das nichtig, weil das Verfahren des Taufens nicht auf Pinguine angewandt werden darf, oder weil es bei Pinguinen und was weiß ich kein Taufen darstellt, sondern das Taufen als übliches Verfahren nur für Menschen existiert? Ich glaube, daß diese Schwierigkeiten theoretisch bedeutungslos sind, wenn es auch Spaß macht, sie zu untersuchen, und wenn es auch in der Praxis vorteilhaft ist, so wie die Juristen eine Terminologie zur Hand zu haben, um sie darin unterzubringen.

13. Beim Taufen von Babys ist es noch verwickelter. Wir könnten es mit dem falschen Namen und dazu dem falschen Priester zu tun haben – d. h. jemandem, der Babys taufen darf, aber nicht zur Taufe gerade dieses Babys berechtigt ist.

Dritte Vorlesung

In unserer ersten Vorlesung haben wir die performative Äußerung vorläufig skizziert: man sagt mit ihr nicht bloß etwas, sondern tut etwas, und sie ist kein wahrer oder falscher Bericht über etwas. In der zweiten Vorlesung haben wir dargelegt, daß sie – wenn auch nicht wahr oder falsch – dennoch der Kritik ausgesetzt ist: sie kann verunglücken; und wir haben eine Liste von sechserlei *Unglücksfällen* erstellt. Vier davon machen die Äußerung zum Versager, die unternommene Handlung null und nichtig, so daß sie wirkungslos bleibt; zwei dagegen machen aus der erklärten Handlung lediglich einen Mißbrauch des Verfahrens. So haben wir uns also mit zwei scharfen, neuen Begriffen bewaffnet, um damit in die Wirklichkeit einzubrechen (oder in die Verwirrung – wer weiß!): zwei neue Schlüssel in unseren Händen, *und* dabei natürlich wieder zwei schlüpfrige Kufen unter unseren Füßen. ⟨In der Philosophie macht allzu scharf schartig.⟩

Ich habe mich dann eine Zeitlang emsig beschäftigt und einige allgemeine Fragen zum Begriff des Verunglückens untersucht, ihm im groben seinen Platz auf einer neuen Karte der Landschaft zugewiesen. Ich habe (1) behauptet, daß er auf *alle* zeremoniellen Handlungen, nicht nur auf sprachliche, anwendbar ist und daß diese weiter verbreitet sind, als man annimmt. Ich habe (2) zugegeben, daß unsere Liste *nicht* vollständig ist und daß es durchaus ganze Dimensionen gibt, in denen zeremonielle Verfahren allgemein und Äußerungen allgemein »verunglücken« können – so könnte man das mit gutem Grund nennen – und die sicherlich den Philosophen etwas angehen. Ich habe (3) zugegeben, daß verschiedene Unglücksfälle erstens zusammentreffen und sich zweitens überschneiden können und daß es mehr oder weniger Sache des Beliebens sein kann, wie wir einen bestimmten Fall einordnen.

Unsere nächste Aufgabe war, uns ein paar solche Unglücksfälle, also Verstöße gegen unsere sechs Regeln, vorzunehmen. Bitte erinnern Sie sich zunächst an die Regel A.1, nach der es ein übliches konventionales Verfahren mit einem konventionalen Ergebnis geben muß; zu dem Verfahren gehört, daß bestimmte Personen unter bestimmten Umständen bestimmte Wörter äußern; und als Ergänzung forderte die Regel A.2, daß die besonderen Personen und Umstände im gegebenen Fall für die Berufung auf das besondere Verfahren passen, auf welches man sich beruft.

A.1 *Es muß ein übliches konventionales Verfahren mit einem bestimmten konventionalen Ergebnis geben; zum Verfahren gehört, daß bestimmte Personen unter bestimmten Umständen bestimmte Wörter äußern.*

Der letzte Teil hat natürlich bloß den Sinn, die Regel auf Äußerungen einzuschränken, und ist im Prinzip nicht wesentlich.

In unserer Formulierung der Regel kommen die beiden Wörter »es muß geben« und »üblich« [accepted] vor; und wir können mit gutem Grund fragen, ob »es gibt« hier einen anderen Sinn haben kann als »ist üblich«, und ob man beiden nicht den Ausdruck »(allgemeine) Übung sein« vorziehen sollte. Wir dürfen also auf keinen Fall sagen: »(1) Es gibt das Verfahren; (2) es ist üblich.« Wir beugen uns diesem vernünftigen Einwand und fangen mit »üblich« an.

Wenn jemand eine performative Äußerung tut und sich damit auf ein Verfahren beruft, das *nicht üblich* ist, so daß man die Äußerung als Versager ansehen muß, dann werden es vermutlich andere Personen und nicht der Sprecher sein, die das Verfahren nicht akzeptieren (jedenfalls wenn der Sprecher seine Äußerung *ernst* meint). Wie sieht das im Einzelfall aus? Stellen Sie sich vor, daß in einem christlichen Lande ein Ehemann zu seiner Frau sagt: »Ich entlasse dich.« (Beide seien Christen und keine Mohammedaner.) In diesem Fall kann man sagen: »Er ist trotzdem nicht von ihr geschieden; wir lassen nur ein bestimmtes anderes sprachliches oder nicht-sprachliches Verfahren zu.« Möglicherweise sagt man sogar: »Wir *(wir)* lassen überhaupt kein Verfahren der Ehescheidung zu; die Ehe ist unauflöslich.« Das kann so weit gehen, daß wir gewissermaßen den *ganzen Kodex* des Verfahrens verwerfen, etwa den Ehrenkodex, zu dem das Duell gehört. Zum Beispiel fordert uns jemand, indem er sagt: »Ich erwarte Ihre Sekundanten«, was mit »Ich fordere Sie« gleichwertig ist – und wir zucken bloß die Achseln. Die unglückselige Geschichte von Don Quichote nützt das weidlich aus.

Natürlich liegen die Dinge verhältnismäßig einfach, wenn wir überhaupt *nie* ein »derartiges« Verfahren zulassen – d. h. überhaupt kein Verfahren, mit dem sich etwas Derartiges tun ließe, oder *jedenfalls* nicht *dieses* Verfahren, wenn damit diese ganz bestimmte Sache getan sein soll. Aber genausogut gibt es auch Fälle, wo wir ein Verfahren manchmal – unter bestimmten Umständen oder von bestimmter Seite – akzeptieren, aber *nicht* unter anderen Umständen bzw. von anderer Seite. Und hier können wir oft zweifeln (wie im obigen Beispiel mit der Taufe), ob wir einen Fall in unsere jetzt betrachtete Klasse A.1 einordnen sollen oder statt dessen in A.2 (oder gar B.1 oder B.2). Beispielsweise sind Sie vor einem Spiel beim Wählen und sagen: »Ich wähle Georg.« Georg, mürrisch: »Ich spiele nicht mit.« Ist er gewählt worden? Zweifellos ist die Situation verunglückt. Wir können auf zwei Wegen begründen, daß Sie Georg nicht gewählt haben: Entweder gibt es keine Konvention, nach der man Leute, die nicht mitspielen, wählen kann, oder Georg ist unter den gegebenen Umständen nicht der Richtige für das Verfahren des Wählens. Ein zweiter Fall: Auf einer einsamen Insel sagen Sie zu mir »Gehen Sie Holz holen«. Ich kann sagen »Von Ihnen lasse ich mir nichts befehlen« oder »Sie haben mir nichts zu befehlen« – ich nehme von Ihnen auf einer einsamen Insel keine Befehle an, wenn Sie versuchen, »Ihre Autorität durchzusetzen« (in die ich mich fügen könnte, aber nicht möchte); anders als wenn Sie der Kapitän eines Schiffes sind und deshalb die Autorität wirklich haben.

Wir könnten nun den Fall bei A.2 (Fehlanwendung) einreihen und sagen: Das Verfahren – bestimmte Wörter zu äußern usw. – ist in Ordnung und üblich; aber die Umstände, unter denen Sie sich darauf berufen haben, oder die Personen, die sich darauf berufen haben, waren falsch. »Ich wähle« ist nur da am Platz, wo das Objekt des Verbums ein Mitspieler ist, und eine Anweisung ist nur da am Platz, wo das Subjekt des Verbums »ein Befehlshaber« oder »eine Autorität« ist.

Wir könnten aber, unseren ersten Gedanken insoweit einschränkend, den Fall auch bei B.2 einreihen und sagen: Das Verfahren ist nicht zu Ende geführt worden, weil zu ihm als notwendiger *Teil* gehört, daß etwa die Person, die das Objekt von »Ich befehle ...« bilden soll, die andere Person, welche den Befehl geben soll, vorweg durch irgendein Verfahren stillschweigend oder ausdrücklich in eine autoritative Stellung gebracht haben muß, zum Beispiel durch die Äußerung: »Ich verspreche zu tun, was Sie mir befehlen.« Das ist natürlich *eine* der Unklarheiten – und sie ist in Wahrheit sehr allgemein –, die in der politischen Theorie dem Streit darüber zugrunde liegen, ob es einen Gesellschaftsvertrag gibt, nicht gibt oder geben soll.

Mir scheint, es macht prinzipiell überhaupt nichts aus, wie wir uns im Einzelfall entscheiden – obgleich wir uns auf Grund der Tatsachen oder durch Einführung neuer Definitionen auf eine bessere Lösung einigen können –; es ist aber wichtig, sich grundsätzlich darüber klar zu sein,

(1) daß wir so viel in das Verfahren einbeziehen können, wie wir wollen: es würde immer möglich bleiben, daß jemand es ganz und gar verwirft (so viel zu B.2);

(2) daß dazu, daß ein Verfahren *üblich* (im Sinne von *akzeptiert*) ist, mehr gehört, als daß es *tatsächlich allgemein angewandt* wird (auch daß die betroffenen Personen es tat-

sächlich anwenden, genügt nicht); und daß es prinzipiell jedem freistehen muß, jedes beliebige Verfahren und jeden beliebigen Kodex solcher Verfahren zu verwerfen, einschließlich solcher, die er bislang akzeptiert hat; wie das etwa mit dem Ehrenkodex passieren kann. Wer das tut, ist natürlich Sanktionen ausgesetzt; die anderen spielen nicht mehr mit ihm oder sagen, er sei kein Mann von Ehre. *Vor allem* darf man nicht alles in den faktischen Umständen unterbringen; denn damit setzt man sich dem alten Einwand gegen jede Ableitung eines Sollens aus dem Sein aus. (Üblich sein ist kein »Umstand« im hier interessierenden Sinne.) Bei vielen Verfahren, zum Beispiel beim Spielen, ist es so, daß die Umstände noch so sehr passen mögen und ich trotzdem nicht mitzuspielen brauche. Außerdem sollten wir daran zweifeln, daß »üblich sein« im Sinne von »akzeptiert sein« letzten Endes definierbar ist als »gewöhnlich« angewandt werden. Aber das ist eine schwierigere Frage.

Was könnte man nun im Gegensatz dazu, daß ein Verfahren in einer bestimmten Gruppe üblich ist oder nicht, damit meinen, daß es nicht einmal existiert[14]?

(I) Es gibt Verfahren, die in dem Sinne »nicht mehr existieren«, daß sie zwar früher allgemein üblich waren, es aber jetzt nicht mehr sind oder sogar von überhaupt niemandem mehr akzeptiert werden. Die Forderung zum Duell ist solch ein Fall.

(II) Dann gibt es Verfahren, die jemand einführt. Bisweilen »kommt er damit durch«, wie jener Fußballspieler, der als erster den Ball in die Hand genommen hat und damit losgerannt ist (womit er Rugby einführte). Daß man damit durchkommt, ist wesentlich, wenn auch die Ausdrucksweise

14. Wenn wir nicht von Zweifeln daran sprechen wollen, daß das Verfahren »existiere« – und das wäre verständlich, da das Wort uns doch laufend ganz schöne Schauer über den Rücken jagt, die im allgemeinen durchaus berechtigt sind –, dann können wir von einem Zweifel daran sprechen, daß das – zweifellos existente und übliche – Verfahren genau so oder so aussehe oder definiert sei oder was dazu gehöre.

mißtrauisch machen kann. Denken Sie an folgenden Fall: Wenn ich zu Ihnen sage »Sie haben sich feige benommen«, kann ich Sie tadeln oder beleidigen; was ich tue, kann ich klarmachen, indem ich sage »Ich muß Sie tadeln«, aber nicht, indem ich sage »Ich beleidige Sie« – warum, geht uns hier nichts an[15]. Für uns ist nur wichtig: Ein besonderer Fall von »non-play«[16] würde gegeben sein, *wenn* jemand sagte: »Ich beleidige Sie.« Denn während das Beleidigen ein konventionales Verfahren ist, und zwar im wesentlichen ein sprachliches Verfahren, so daß wir eigentlich gar nicht mißverstehen können, was jemand vorhat, der sagt »Ich beleidige Sie«, müssen wir das doch trotzdem übergehen; nicht bloß, weil die Konvention nicht gängig ist: sondern irgendwie spüren wir eine Schranke (ohne genau zu wissen, wie sie aussieht), an der das Aufkommen der Konvention einfach scheitern muß.

Viel häufiger sind allerdings die Fälle, in denen der Bereich des Verfahrens unklar bleibt, also wie weit man es ausdehnen kann. Es gehört zum Wesen eines jeden Verfahrens, daß seine Grenzen (und damit natürlich seine »präzise« Definition) unklar bleiben. Immer gibt es schwierige Fälle und Grenzfälle, wo die bisherige Geschichte des konventionalen Verfahrens keinen endgültigen Aufschluß darüber gibt, ob ein so und so gelagerter Fall in seinen Anwendungsbereich fällt. Kann ich einen Hund, der zugegebenermaßen vernünftig ist, taufen? Oder schlösse ich mich damit aus dem Spiel aus? Das Recht kennt zahllose derart schwierige Fälle – und natürlich wird es dann mehr oder weniger zur Sache

15. Viele denkbare derartige Verfahren und Formeln wären schädlich, wenn sie anerkannt würden; zum Beispiel sollten wir die Formel »Ich verspreche dir, dich zu verprügeln« wohl nicht zulassen. Man hat mir aber berichtet, daß es in der Glanzzeit der schlagenden Verbindungen in Deutschland üblich war, daß die Mitglieder von zwei Verbindungen im Gänsemarsch aneinander vorbeizogen und jeder zu dem als Gegner ausgesuchten Kommilitonen sehr höflich »Beleidigung« sagte.

16. Vgl. Anm. 11. Die Bezeichnung ist im Manuskript an dieser Stelle erhalten geblieben. (J. O. U.)

der Willkür, ob wir uns auf (A.1) berufen und sagen, es gebe keine einschlägige Konvention, oder ob wir uns auf (A.2) berufen und sagen, die Umstände paßten nicht für die Berufung auf die unzweifelhaft existierende Konvention. Auf beiden Wegen werden wir uns durch den »Präzedenzfall«, den wir schaffen, mehr oder weniger binden. Die Juristen ziehen gewöhnlich den zweiten Weg (A.2) vor, weil sie damit Recht anwenden und nicht schaffen.

Es kann nun noch ein andersartiger Fall eintreten, den man ganz verschieden einordnen könnte und der gesondert Erwähnung verdient.

Als Beispiele für performative Äußerungen habe ich ausschließlich sehr hochentwickelte genommen. Wir werden sie später *explizit* performativ nennen und sie so von den bloß *implizit* performativen Äußerungen abheben. Das heißt, sie fangen alle mit einem eindeutigen Ausdruck an, der sehr viel sagt (er kann auch mitten in der Äußerung vorkommen), etwa »Ich wette«, »Ich verspreche«, »Ich vermache«; und zwar wird dieser Ausdruck gewöhnlich auch gebraucht, um die Handlung zu bezeichnen, die ich mit der performativen Äußerung vollziehe, also Wetten, Versprechen und Vermachen. Aber natürlich ist es ebenso augenscheinlich wie wichtig, daß wir die Äußerung »Gehen Sie!« unter Umständen mit praktisch demselben Ergebnis wie die Äußerung »Ich befehle Ihnen zu gehen« benutzen können; und wenn wir später sagen wollen, was damit getan ist, dann werden wir ohne Zögern in beiden Fällen sagen, er habe mir befohlen zu gehen. Je nach den Umständen kann aber unklar sein – und wenn man nichts als die Äußerung hat, bleibt jedenfalls bei einer so wenig ausdrücklichen Formel wie dem bloßen Imperativ »Gehen Sie!« unklar –, ob mit der Äußerung ein Befehl zum Gehen gegeben wird (oder gegeben werden soll) oder bloß ein Rat oder ob ein Ersuchen ausgesprochen werden soll oder wer weiß was. Ganz ähnlich kann »Auf dem Feld ist ein Stier« eine Warnung sein oder nicht (schließlich *kann* es ja sein, daß ich bloß die Gegend beschreibe); »Ich werde da sein« kann ein Versprechen sein oder nicht. Das sind gegenüber den explizit performativen primitiv performative Äußerungen; und möglicherweise geben die Umstände nichts für die Entscheidung her, ob die Äußerung überhaupt performativ ist. In einer bestimmten Situation kann es mir freistehen, sie als performativ aufzufassen oder nicht. *Vielleicht* war es eine performative Formel, nur ist nicht hinreichend klar geworden, auf welches Verfahren die Äußerung sich berufen wollte. Vielleicht habe ich sie nicht als Befehl *aufgefaßt* oder *mußte* sie jedenfalls nicht als Befehl auffassen. Das Versprechen ist nicht als solches *aufgefaßt* worden; d. h. unter den gegebenen Umständen wurde das Verfahren nicht akzeptiert, weil der Sprecher das wesentliche Drumherum unvollständig gelassen hat.

Wir könnten von einer fehlerhaften oder unvollständigen Ausführung sprechen (B.1 oder B.2); bloß *ist* sie vollständig, wenn auch nicht eindeutig! (Natürlich wird man im Recht derartige nicht ganz ausführliche performative Äußerungen gewöhnlich unter B.1 oder B.2 einreihen – es wird zum Beispiel festgesetzt, daß ein unausdrückliches Vermächtnis fehlerhaft oder unvollständig ist. Aber im Alltag gibt es solche starren Forderungen nicht.) Wir könnten auch von Mißverständnissen sprechen (mit denen wir noch nicht zu tun haben); es wäre aber eine besondere Sorte Mißverständnis, das nicht die Bedeutung, sondern die Rolle der Äußerung mißversteht. Und es kommt hier nicht darauf an, daß der Hörer die Äußerung nun einmal nicht als Befehl verstanden *hat*, sondern daß er sie nicht so verstehen, d. h. so auffassen *mußte*.

Wir können den Fall auch bei A.2 einreihen und sagen, daß das Verfahren nur da für die Anwendung gedacht ist, wo klar ist, daß es angewandt wird; wo nicht, soll es nichtig sein. Wir könnten fordern, daß es nur unter solchen Umständen benutzt wird, die das eindeutig herausstellen. Aber das ist ein wohlfeiler Rat.

A.2 *Die betroffenen Personen und Umstände müssen im gegebenen Fall für die Berufung auf das besondere Verfahren passen, auf welches man sich beruft.*

Wir wenden uns jetzt den Verstößen gegen A.2 zu, also den Unglücksfällen, die wir Fehlanwendungen genannt haben. Die Zahl der Beispiele ist Legion. »Ich ernenne Sie« als Äußerung nach Ihrer Ernennung oder nachdem schon ein anderer ernannt ist oder wenn ich nicht das Recht habe, jemanden zu ernennen, oder wenn Sie ein Pferd sind; »Ja«, obgleich Sie zu eng verwandt sind, oder zwar vor dem Kapitän, aber nicht auf hoher See; »Ich schenke es Ihnen«, obgleich es gar nicht mir gehört oder ein Pfund von meinem eigenen, lebenden Fleisch und Blut ist. Wir haben die verschiedensten Sondertermini für verschiedenartige Fälle: »Inkompetenz«, »nicht seine Aufgabe«, »untaugliches Objekt«, »die falsche Person«, »unberechtigt« und so weiter.
Die Grenze zwischen »falschen Personen« und »falschen Umständen« ist natürlich nicht sehr klar und eindeutig. »Umstände« kann man so weit fassen, daß auch alles dazugehört, worauf es bei den beteiligten Personen ankommt. Wir müssen aber zwischen den Fällen unterscheiden, wo die Personen, Gegenstände, Namen und so weiter falsch sind, weil es an Kompetenz, Berechtigung und dergleichen fehlt, und Fällen, wo Gegenstand oder Handlungssubjekt überhaupt untauglich sind. Auch das ist eine grobe Unterscheidung mit schwimmenden Grenzen, aber von einiger Bedeutung (zum Beispiel im Recht). So müssen wir etwa einen Unterschied machen, ob ein Priester das falsche Baby mit dem richtigen Namen oder ein Baby statt »Alfred« »Albert« tauft, oder aber ob ich sage »Ich taufe diesen Säugling auf den Namen ›2704‹« oder »Ich hau dir eine in die Fresse, das verspreche ich dir« oder ein Pferd zum Konsul ernenne. In den drei letzteren Fällen ist etwas überhaupt Untaugliches im Spiel; der Fehler in den beiden ersteren Fällen ist dagegen, daß eine Sache mitspielt, die nicht für diesen Fall bestimmt ist.

Einige Überschneidungen von A.2 mit A.1 und B.1 haben wir schon erwähnt. Vielleicht werden wir eher von Fehlberufung nach A.1 sprechen, wenn die Person *als solche* falsch, als wenn sie falsch, weil nicht dazu bestimmt ist, also eher dann, wenn *überhaupt nichts*, kein vorangehendes Verfahren, keine vorherige Anordnung die Sache hätte ins Lot bringen können. Nehmen wir dagegen die Frage der *Anordnung* im ursprünglichen Sinn des Wortes (fassen wir also die Tatsache, daß jemand zu etwas bestimmt ist, nicht als seine Eigenschaft auf), dann können wir den Unglücksfall in der falschen Ausführung und nicht in der unpassenden Anwendung des Verfahrens sehen; etwa wenn wir für einen Kandidaten stimmen, bevor er aufgestellt ist. Die Frage ist dabei, wie weit wir das »Verfahren« nach rückwärts reichen lassen wollen.

Dann haben wir die B-Fälle, die wir Fehlausführungen genannt haben.

B.1 *Alle Beteiligten müssen das Verfahren korrekt durchführen.*

Das sind die Trübungen. Sie liegen zum Beispiel vor, wo falsche Formeln benutzt werden: es gibt ein auf die Personen und Umstände passendes Verfahren; aber es wird nicht korrekt durchgeführt. Eindeutige Beispiele findet man im Recht leichter als im Alltag, wo es nicht so genau darauf ankommt. Man könnte die Verwendung von nicht-expliziten Formeln hierzu rechnen; und weiter die Fälle, in denen jemand sich unklar ausdrückt oder in denen offenbleibt, worüber er redet, etwa wenn ich sage »Mein Haus«, wo ich doch zwei habe, oder »Ich wette, daß das Rennen heute nicht läuft«, wo doch mehr als ein Rennen auf dem Plan steht.

Man muß das von der Frage unterscheiden, ob der Hörer langsam oder falsch versteht; denn ganz gleich, wie der Hörer sie auffaßt, ist die Zeremonie jedenfalls getrübt. Eine besondere Schwierigkeit entsteht aus der Frage, ob beim Zusammenwirken zweier Parteien *consensus ad idem* nötig ist.

Muß ich außer allem anderen auch unbedingt sicherstellen, daß man mich *richtig versteht*? Jedenfalls ist das sicher eine Frage der B-Regeln und nicht der Γ-Regeln.

B.2 *Alle Beteiligten müssen das Verfahren vollständig durchführen.*

Das sind die Lücken; wir versuchen, das Verfahren vollständig durchzuführen, aber die Handlung wird eine Fehlgeburt. Ein Beispiel: Ich versuche zu wetten, indem ich sage: »Ich wette eine Mark.« Aber der Versuch ist erfolglos, wenn niemand sagt: »Top!« oder »Angenommen!« oder dergleichen. Ich versuche zu heiraten und sage: »Ja.« Aber der Versuch schlägt fehl, wenn die Frau »Nein« sagt. Mein Versuch, jemanden zu fordern, ist erfolglos, wenn ich sage »Ich verlange Genugtuung von Ihnen«, aber meine Sekundanten nicht schicke; mein Versuch, feierlich eine Bibliothek zu eröffnen, schlägt fehl, wenn ich sage »Hiermit eröffne ich diese Bibliothek«, aber der Schlüssel im Schloß steckenbleibt; umgekehrt schlägt die Schiffstaufe fehl, wenn ich die Keile wegschlage, bevor ich gesagt habe: »Ich lasse dieses Schiff zu Wasser.« Das Alltagsleben erlaubt dem Verfahren auch in diesem Punkt eine gewisse Laschheit – andernfalls käme keine Universitätsangelegenheit je zu Ende!

Bisweilen ist es natürlich gar nicht sicher, ob noch etwas dazugehört oder nicht. Kann ich zum Beispiel jemandem etwas schenken, ohne daß er das Geschenk annimmt? Im formellen Verfahren geht das sicher nicht; wie sieht es im Alltag aus? Dieselbe Unklarheit bleibt, wenn jemand ernannt wird, ohne der Ernennung zuzustimmen – inwieweit können Handlungen einseitig sein? Genauso taucht die Frage auf, wann die Handlung zu Ende ist und was als ihre Vollendung zählt[17].

Bei alledem möchte ich Sie daran erinnern, daß es uns *nicht*

17. Man könnte zum Beispiel schwanken, ob jemand, der ein Geschenk nicht aushändigt, damit die Schenkung nicht vollständig ausführt oder einen Γ-Fehler begeht.

um jene anderen Dimensionen des Verunglückens gegangen ist, in denen die Handlung zum Beispiel daran scheitert, daß der Handelnde sich einfach über Tatsachen irrt oder daß man sich über die Tatsachen nicht einig ist – ganz abgesehen von Einstellungsdifferenzen. Zum Beispiel gibt es keine Konvention, nach der ich jemandem versprechen kann, etwas zu seinem Schaden zu tun, so daß ich also ihm gegenüber die Verpflichtung übernähme, es zu tun; aber stellen wir uns vor, ich sagte »Ich verspreche dir, dich ins Kloster zu schikken« und nähme dabei im Gegensatz zu dir an, das werde gut für dich sein; oder wenn du das glaubst, aber ich nicht; oder wenn wir beide glauben, es werde gut für dich sein, es sich aber vielleicht herausstellt, daß dem nicht so ist?! Habe ich mich auf eine nicht-existente Konvention berufen, und das unter Umständen, auf die sie nicht einmal paßt? Selbstverständlich gilt ganz allgemein, daß man sich zwischen diesen groben Alternativen, die für Feinheiten nicht geschaffen sind, nicht recht entscheiden kann. Es gibt keine einfache, kurze Formel für die Komplexität der Situation, die in kein gängiges Schema paßt.

Vielleicht sieht es nach alledem so aus, als hätten wir auf unsere sechs Regeln einfach verzichtet. Aber das ist nicht der Fall. Es ist ganz klar, daß es die sechs Arten zu verunglücken gibt, auch wenn manchmal unklar bleibt, auf welche Weise eine bestimmte Handlung verunglückt ist; und wir *könnten* sie, wenn wir wollten, jedenfalls für vorgegebene Fälle definieren. Auf jeden Fall müssen wir die Vereinfacherei vermeiden: man fühlte sich versucht, sie die Berufskrankheit der Philosophen zu nennen, wäre sie nicht ihr Beruf.

Vierte Vorlesung

Beim letzten Mal haben wir verschiedene Unglücksfälle untersucht, nämlich solche, wo kein Verfahren existiert oder üblich ist, wo man sich auf das Verfahren unter den falschen Umständen beruft und wo das Verfahren fehlerhaft oder unvollständig angewandt wird. Wir haben gezeigt, daß es in bestimmten Fällen Überschneidungen zwischen ihnen gibt, und weiterhin, daß sie sich ganz allgemein mit den Mißverständnissen (einem Unglücksfall, dem wohl alle Äußerungen ausgesetzt sind) und den Versehen überschneiden.
Die letzte Sorte bilden Γ.1, die Unredlichkeiten, und Γ.2. Wir sprechen hier *nicht* davon, daß die Handlung nichtig sei, wenn sie auch verunglückt. Ich wiederhole die Definitionen:

Γ.1 *Wenn, wie oft, das Verfahren für Leute gedacht ist, die bestimmte Meinungen oder Gefühle haben, oder wenn es der Festlegung eines der Teilnehmer auf ein bestimmtes späteres Verhalten dient, dann muß, wer am Verfahren teilnimmt und sich so darauf beruft, diese Meinungen und Gefühle wirklich haben, und die Teilnehmer müssen die Absicht haben, sich so und nicht anders zu verhalten,*

Γ.2 *und sie müssen sich dann auch so verhalten.*

1. *Gefühle*

Beispiele dafür, daß jemand nicht die richtigen Gefühle hat:
»Ich beglückwünsche Sie«, obgleich man mit der Sache gar nicht zufrieden ist, sich vielleicht sogar darüber ärgert.
»Ich spreche Ihnen mein Mitgefühl aus«, obgleich man in keiner Weise mit ihm trauert.
Die Umstände sind hier in Ordnung, die Handlung ist vollzogen; sie ist nicht nichtig, sondern *unredlich*. Es war nicht

meine Sache, Ihnen Glück zu wünschen oder Beileid zu bezeugen, wenn ich nun einmal diese Gefühle und keine anderen hatte.

2. *Meinungen*
Beispiele dafür, daß jemand nicht die richtigen Meinungen hat:
»Ich rate Ihnen ...«, obgleich man nicht der Meinung ist, es sei die nützlichste Handlungsweise.
»Ich spreche ihn nicht schuldig – ich spreche ihn frei«, obgleich man glaubt, er sei schuldig.
Diese Handlungen sind nicht etwa nichtig. Ich gebe einen Rat, ich fälle einen Spruch, wenn auch unredlich. Die Ähnlichkeit mit einer Eigenart des *Lügens* ist offenkundig; und wer lügt, vollzieht eine Sprechhandlung aus der Gruppe des *Feststellens.*

3. *Absichten*
Beispiele dafür, daß jemand nicht die richtigen Absichten hat:
»Ich verspreche«, obgleich ich nicht vorhabe, das Versprechen zu halten.
»Ich wette«, obgleich ich nicht zahlen will.
»Ich erkläre den Krieg«, obgleich ich nicht vorhabe zu kämpfen.
Die Ausdrücke »Gefühle«, »Meinungen« und »Absichten« benutze ich nicht als termini technici; ich lasse sie ohne nähere Umschreibung. Ein paar Bemerkungen muß ich aber dazu machen:
(1) Die Grenzen sind so fließend, daß sich die Vorkommnisse nicht immer leicht trennen lassen; und natürlich können sie zusammen auftreten und tun das gewöhnlich auch. Wenn ich etwa sage »Ich beglückwünsche Sie«, müssen wir dann eigentlich fühlen oder vielmehr meinen, daß Sie sich ausgezeichnet oder daß Sie sich verdient gemacht haben? Meine ich oder fühle ich, daß es sehr lobenswert war? Weiter: Beim

Versprechen muß ich sicher etwas vorhaben; ich muß aber, was ich verspreche, auch für möglich halten, und vielleicht muß ich meinen, daß der Adressat es für vorteilhaft hält oder daß es für ihn vorteilhaft ist.

(2) Wir müssen zweierlei unterscheiden: *Wir meinen wirklich, daß es so ist,* etwa daß er schuldig ist, daß er es getan hat, daß es sein Verdienst ist, daß er das Meisterstück vollbracht hat – und demgegenüber: *Es ist wirklich so, wie wir meinen,* d. h. unsere Meinung trifft zu und ist nicht irrig. Ganz ähnlich können wir unterscheiden: Wir haben wirklich das Gefühl – unser Gefühl ist gerechtfertigt; wir haben es wirklich vor – unser Vorhaben ist durchführbar. Aber bei Meinungen wird es besonders interessant, nämlich besonders verwirrend: hier macht die Unehrlichkeit den wesentlichen Unterschied zwischen der Lüge und der unzutreffenden Behauptung aus. Beispiele: Ich meine, daß er das Verbrechen begangen hat, sage aber: »Nicht schuldig«; oder ich sage »Ich gratuliere«, obwohl ich meine, daß nicht er das Meisterstück vollbracht hat. Und meine Meinungen brauchen dabei nicht zuzutreffen!

Wenn wenigstens einige von unseren Meinungen irrig (im Unterschied zu unehrlich) sind, kann das natürlich auch andere Unglücksfälle ergeben:

(a) Ich verschenke etwas, wovon ich irrig annehme, es sei mein. Wir könnten sagen, es handele sich um eine »Fehlanwendung«; die Umstände, Gegenstände, Personen und so weiter paßten nicht zum Verfahren des Schenkens. Wir müssen aber im Auge behalten, daß wir die ganze Dimension dessen haben ausschließen wollen, was man wohl auch »Unglücksfall« nennen könnte, was aber durch Versehen und Mißverständnis entsteht. Man beachte, daß ein Versehen ein Rechtsgeschäft im allgemeinen nicht *nichtig*, sondern *anfechtbar* macht.

(b) »Ich rate Ihnen, X zu tun« ist eine performative Äußerung. Stellen Sie sich nun vor, daß ich Ihnen zu etwas rate, wovon ich – völlig irrig – annehme, es sei in Ihrem Interesse.

Das unterscheidet sich sehr von (1)[18]: die Annahme, der Ratschlag sei nichtig – ich hätte also keinen Rat gegeben – oder unredlich, wäre ganz abwegig. Vielmehr führen wir hier eine ganz neue Dimension der Beurteilung ein; wir kritisieren den Ratschlag als *schlechten* Rat. Daß eine Handlung in unseren sechs Punkten glückt, schützt sie nicht vor aller Kritik. Wir werden noch darauf zurückkommen.

(3) Die Punkte (1) und (2) machen nicht so viele Schwierigkeiten wie der folgende, auf den wir ebenfalls später noch zurückkommen werden. Es gibt eine Klasse von performativen Äußerungen, die ich *verdiktive* Äußerungen *[verdictives]* nenne und wozu zum Beispiel gehören: »Ich spreche den Angeklagten schuldig« oder einfach »Schuldig«, oder wenn der Schiedsrichter »Aus« sagt. Wenn wir »Schuldig« sagen, ist das in gewisser Weise schon geglückt, wenn wir auf Grund der Beweise bloß ehrlich meinen, er sei es gewesen. *Aber:* Der ganze Sinn des Verfahrens ist natürlich der, daß das Urteil korrekt sein soll; möglicherweise spielen nicht einmal, wie oben, Einstellungen eine Rolle. Wenn etwa der Schiedsrichter »Tor« sagt, dann ist das endgültig. Wiederum kann es aber eine »schlechte« Entscheidung sein: sie kann unbegründet sein (Jury) oder sogar falsch (Schiedsrichter). Die Lage ist dann also sehr unangenehm. Aber es handelt sich *nicht* um einen Unglücksfall im Sinne unserer Regeln: die Entscheidung ist weder nichtig (wenn der Schiedsrichter »Aus« sagt, ist der Ball aus, die Entscheidung ist endgültig) noch unredlich. Aber um diese drohenden Schwierigkeiten geht es jetzt nicht, sondern bloß darum, über die Unredlichkeit Klarheit zu schaffen.

(4) Auch mit der Absicht gibt es ein paar besondere Peinlichkeiten:

(a) Wir haben schon auf die Schwierigkeit hingewiesen, zwischen Folgehandlungen und der Vollendung einer einzigen, einheitlichen, ganzen Handlung zu unterscheiden. Zum Bei-

18. Vermutlich bezieht sich das auf die Beispiele S. 58, nicht S. 59 f., Abschn. (1). Das Manuskript gibt keinen Anhaltspunkt. (J. O. U.)

spiel ist es schwer, in den folgenden Fällen das Verhältnis zwischen Äußerung und Handlung daraufhin zu beurteilen:

»Ich schenke« und Besitzübergabe;
»Ja (ich nehme sie zur Frau)« und Vollzug der Ehe;
»Ich verkaufe« und Erfüllung des Vertrages.

(Beim Versprechen läßt sich die Unterscheidung leicht treffen.) Dementsprechend hat man also mehrere Möglichkeiten, die erforderliche Absicht als die Absicht, eine *Folge*handlung zu vollziehen, oder als die Absicht, die *jetzige* Handlung zu vollenden, einzuordnen. Allerdings ergibt sich daraus keine grundlegende Schwierigkeit für den Begriff der Unredlichkeit.

(b) Wir haben grob zwischen Fällen unterschieden, in denen man bestimmte Absichten haben muß, und solchen, wo man die Absicht haben muß, gerade solche Dinge zu tun, auf die einen das betreffende Verfahren festlegen oder die es einem erlauben soll. Beispiele aus der spezialisierteren zweiten Gruppe bieten natürlich die Übernahme von Aufgaben und wahrscheinlich auch das Taufen. Der ganze Sinn eines solchen Verfahrens besteht gerade darin, daß nun ein bestimmtes Folgeverhalten in Ordnung ist und ein bestimmtes anderes nicht. Natürlich kann man dieses Ziel in vielen Fällen beliebig genau erreichen, zum Beispiel bei rechtsverbindlichen Erklärungen. Aber andere Fälle sind nicht so klar. Ich kann meine Absicht zum Beispiel ausdrücken, indem ich einfach sage: »Ich werde ...«. Zum Zeitpunkt meiner Äußerung muß ich natürlich, um nicht unehrlich zu sein, die Absicht haben; aber was für ein Unglücksfall ist es, und wie schwer wiegt er, wenn ich es hinterher doch nicht tue? Für »Ich heiße Sie willkommen« – eine Äußerung, mit der man willkommen heißt – sind vermutlich gewisse Absichten mehr oder minder erforderlich; was ist, wenn man sich nachher grob benimmt? Ich gebe Ihnen einen Rat und Sie nehmen ihn an; aber dann falle ich Ihnen in den Rücken: wie weit bin ich verpflichtet, das nicht zu tun? Oder »erwartet« man es bloß nicht von mir? Oder gehört zum Ratsuchen und Ratgeben, daß ein solches Verhalten in der Folge eindeutig verboten ist? Ähnlich: Ich flehe Sie an, etwas zu tun, Sie willigen ein, und dann beschwere ich mich darüber – ist das in Ordnung? Wohl nicht. Wir neigen dazu, so etwas immer klarer zu machen, wenn wir etwa von »Ich verzeihe« zu »Ich begnadige« oder von »Ich werde« entweder zu »Ich habe vor« oder zu »Ich verspreche« übergehen.

So viel also darüber, auf welche Weise performative Äußerungen verunglücken können, so daß die betroffene Handlung dann nur mehr vorgegeben oder versucht ist und so weiter. Um es im Jargon auszudrücken: Das läuft ganz allgemein darauf hinaus, daß bestimmte Bedingungen erfüllt sein müssen, wenn die Äußerung glücken soll – gewisse Tatsachen müssen vorliegen. Deshalb müssen wir offenbar sagen: Damit eine bestimmte performative Äußerung glückt, müssen bestimmte Feststellungen *zutreffen*. Damit allein hätten unsere Untersuchungen natürlich ein sehr triviales Ergebnis. Nun, vermeiden wir wenigstens die Unglücksfälle, die wir untersucht haben, und fragen wir:

(1) Welche Feststellungen müssen zutreffen?

(2) Und können wir über ihr Verhältnis zur performativen Äußerung etwas Aufregendes sagen?

Erinnern wir uns: In der ersten Vorlesung haben wir gesagt, in gewisser Weise könnten wir viele Tatsachen *zu verstehen geben*, wenn wir sagen: »Ich verspreche«; aber das ist etwas ganz anderes, als daß die Äußerung »Ich verspreche« eine zutreffende oder unzutreffende *Feststellung* über diese Tatsachen wäre. Ich werde jetzt einiges Wichtige nennen, was zutreffen muß, wenn die Handlung glücken soll (nicht alles – es wird auch so fast zu langweilig und trivial werden: hoffe ich; denn *für jetzt* bedeutet das »offenkundig«).
Nehmen wir also als Beispiel, daß ich, um mich zu entschuldigen, sage »Ich entschuldige mich«, so daß wir dann wirklich sagen können, daß ich mich entschuldigt habe; dann

(1) ist es wahr und nicht falsch, daß ich gerade etwas tue oder getan habe – natürlich zahlreiche Dinge, insbesondere aber, daß ich mich entschuldigt habe;
(2) ist es wahr und nicht falsch, daß bestimmte Bedingungen erfüllt sind, insbesondere von der Art, wie die Regeln A.1 und A.2 es fordern;
(3) ist es wahr und nicht falsch, daß bestimmte andere Bedingungen der Art Γ erfüllt sind, insbesondere daß ich etwas Bestimmtes meine;
(4) ist es wahr und nicht falsch, daß ich auf ein bestimmtes Folgeverhalten festgelegt bin.

Es ist nun wichtig, daß genaugenommen schon erklärt worden ist, in welchem Sinne »Ich entschuldige mich« die Wahrheit dieser Feststellungen voraussetzt – genau das haben wir ja bis jetzt erklärt. Interessant ist aber, diese »Voraussetzungen« performativer Äußerungen mit bestimmten Entdeckungen zu vergleichen, die erst in jüngerer Zeit betreffs der »Voraussetzungen« der Aussagen, Feststellungen, Behauptungen, der konstativen Äußerungen gemacht worden sind; also jener Äußerungen, denen wir die performativen Äußerungen gegenüberstellen und die, anders als letztere, wahr oder falsch sind.

Um mit (1) anzufangen: Welche Beziehung besteht zwischen der Äußerung »Ich entschuldige mich« und der Tatsache, daß ich mich entschuldige? Es ist wichtig festzustellen, daß es nicht die Beziehung zwischen »Ich laufe« und der Tatsache, daß ich laufe, ist (oder falls das im Einzelfall kein echter »bloßer« Bericht sein sollte: zwischen »Er läuft« und der Tatsache, daß er läuft). Diesen Unterschied kennzeichnet das Englische dadurch, daß in den performativen Formeln die Verlaufsform nicht verwendet wird; aber nicht alle Sprachen müssen ihn kennzeichnen, zum Beispiel wenn sie das continuous present nicht kennen. Nicht einmal im Englischen geschieht es immer.

Wir können sagen: Im Normalfall, zum Beispiel beim Laufen, macht die Tatsache, daß er läuft, die Behauptung, er laufe, *wahr*; oder: Die Wahrheit der konstativen Äußerung »Er läuft« hängt davon ab, ob er läuft. In unserem Fall ist es dagegen dem Glücken der performativen Äußerung »Ich entschuldige mich« zu verdanken, daß die Tatsache, daß er sich entschuldigt, zustande kommt; ob ich mich erfolgreich entschuldige, hängt davon ab, ob meine performative Äußerung »Ich entschuldige mich« glückt. Auf diese Art könnten wir die Unterscheidung »performativ–konstativ« rechtfertigen – die Unterscheidung zwischen Tun und Sagen.

Zur Wahrheit einer Feststellung kann die Wahrheit einer anderen Feststellung gehören, und dabei kann »gehören« sehr Verschiedenes bedeuten; in drei dieser vielen Bedeutungen wollen wir den Zusammenhang als nächstes untersuchen. Eine Art der Zusammengehörigkeit ist schon lange bekannt; die beiden anderen sind erst vor recht kurzer Zeit entdeckt worden. Wir werden die Darstellung nicht sehr technisch halten, obgleich das durchaus möglich wäre. Ich meine die Entdeckung, daß eine Konjunktion von »Tatsachen«feststellungen nicht unbedingt eine Kontradiktion darstellen muß, damit man mit ihr eine ganz abwegige, unerhörte Äußerung tun kann; es gibt auch andere Fehler als Widersprüchlichkeit – die übrigens selbst einen komplizierten Fall darstellt und sowohl definiert als auch erläutert werden müßte.

⟨1. *zur Folge haben; nach sich ziehen; mit sich bringen; darauf hinauslaufen, daß; besagen; auch bedeuten; unter anderem heißen; beinhalten*

Daß die Katze auf der Matte ist, hat zur Folge (usw.), daß die Katze nicht unter der Matte ist und die Matte nicht über der Katze. Daß alles fließt, bedeutet auch (usw.), daß einiges fließt, und läuft darauf hinaus (usw.), daß nichts nicht fließt.

»Die Katze ist auf der Matte, aber die Matte ist über der Katze« können wir nicht sagen.

2. *zu verstehen geben; durchblicken lassen; nahelegen; schließen lassen auf*

Wenn ich sage, die Katze sei auf der Matte, so gebe ich damit zu verstehen, daß ich auch glaube, daß die Katze auf der Matte ist. (Diese Feststellung verdanken wir G. E. Moore.) Ich gebe es zu verstehen in dem Sinne, daß ich dem Adressaten meiner Äußerung einräume, er dürfe kraft meiner Äußerung davon ausgehen, daß ich dies glaube.

»Die Katze ist auf der Matte, aber ich glaube es nicht« können wir nicht sagen.

3. *davon ausgehen, daß; voraussetzen; als gegeben annehmen*

Wer sagt, Hansens Kinder hätten Glatzen, geht davon aus, daß Hans Kinder hat.

Wir können nicht sagen: »Hansens Kinder haben Glatzen; Kinder hat er allerdings keine.«

Die drei Fälle haben ihren Anstrich des Abwegig-Unerhörten gemeinsam. Aber wir dürfen nicht einfach irgendeine Leerformel als Bezeichnung für alle drei verwenden, etwa »Folgerung« und »Widerspruch«; denn sie unterscheiden sich sehr. Viele Wege führen nach Rom; und wie das Sprichwort andeutet, übersehen wir gerade das. Man kann auf vielerlei Weise abwegig und unerhört sprechen. Die wesentlichen Fragen sind: Wie viele Möglichkeiten gibt es? Wieso vergewaltigen sie die Sprache? Wo liegt der Fehler?

In allen drei Fällen gehört zu einer Feststellung A das Zutreffen einer weiteren Feststellung B:

(1) Dazu, daß Hans ein Kind ohne Glatze hat, gehört, daß Hansens Kinder nicht allesamt Glatzen haben.

(2) Dazu, daß ich sage, Hansens Kinder hätten Glatzen, gehört, daß ich glaube, daß Hansens Kinder Glatzen haben.

(3) Dazu, daß jemand sagt, Hansens Kinder hätten Glatzen, gehört, daß Hans Kinder hat.

Lassen die drei Fälle sich genauer unterscheiden? Wir können es mit den folgenden Proben versuchen:

A. *zur Folge haben* usw. – *zu verstehen geben* usw.

A 1. Wenn A B zur Folge hat, dann hat nicht-B nicht-A zur Folge; aber es gilt nicht, daß wenn A B zu verstehen gibt, dann nicht-B nicht-A zu verstehen gibt.

Beispiel: Daß die Katze auf der Matte ist, hat zur Folge, daß die Matte unter der Katze ist; daß die Matte nicht unter der Katze ist, hat darum zur Folge, daß die Katze nicht auf der Matte ist. Dagegen: X's Äußerung, daß die Katze auf der Matte ist, gibt zu verstehen, daß X glaubt, daß die Katze auf der Matte ist. Aber damit, daß X nicht glaubt, daß die Katze auf der Matte ist, gibt er nicht etwa zu verstehen, daß er nicht sagt, die Katze sei auf der Matte, oder sagt, die Katze sei nicht auf der Matte.

A 2. Von »Die Äußerung, daß A, besagt, daß B« kann man übergehen auf: »Daß A, besagt, daß B.« Von »Die Äußerung, daß A, gibt zu verstehen, daß B« kann man dagegen nicht übergehen auf: »Daß A, gibt zu verstehen, daß B« (sondern auf: »Der Sprecher gibt mit der Äußerung, daß A, zu verstehen, daß B.«).

Beispiel: Von »Die Äußerung, daß Hansens Kinder Glatzen haben, besagt, daß keines von Hansens Kindern keine Glatze hat« kann man übergehen auf: »Daß Hansens Kinder Glatzen haben, besagt, daß keines von Hansens Kindern keine Glatze hat.« Von »Die Äußerung, daß Hansens Kinder Glatzen haben, gibt zu verstehen, daß der Sprecher glaubt, daß Hansens Kinder Glatzen haben« kann man dagegen nicht übergehen auf: »Daß Hansens Kinder Glatzen haben, gibt zu verstehen, daß der Sprecher glaubt, daß Hansens Kinder Glatzen haben«, sondern auf: »Der Sprecher gibt mit der Äußerung, daß Hansens Kinder Glatzen haben, zu verstehen, daß er glaubt, daß Hansens Kinder Glatzen haben.«

Offensichtlich geht es, wenn A B zur Folge hat (usw.), um den Inhalt von A und B. (Daher das barbarische Wort »beinhalten«.) Wenn eine Äußerung etwas zu verstehen gibt, geht es dagegen um ihren Sprecher, der mit der Äußerung etwas zu verstehen gibt.

B. *zur Folge haben* usw. – *voraussetzen* usw.

B 1. Wenn A B zur Folge hat, dann hat nicht-B nicht-A zur Folge; aber es gilt nicht, daß wenn A B voraussetzt, dann nicht-B nicht-A voraussetzt.

(Diese Kontrapositionsprobe unterscheidet »zur Folge haben« usw. also sowohl von »zu verstehen geben« usw. als auch von »voraussetzen« usw.; die beiden letzteren unterscheiden sich in diesem Punkt nicht.) Beispiel: Daß Hansens Kinder allesamt Glatzen haben, hat zur Folge, daß kein Kind von Hans keine Glatze hat; daß eines von Hansens Kindern keine Glatze hat, hat darum zur Folge, daß Hansens Kinder nicht allesamt Glatzen haben. Dagegen: Daß Hansens Kinder allesamt Glatzen haben, setzt voraus, daß Hans Kinder hat; aber daß Hans keine Kinder hat, setzt in keiner Weise voraus, daß nicht alle seine Kinder Glatzen haben. (Man würde gar nicht verstehen, was mit der folgenden Äußerung gesagt sein sollte: »Mit seiner Feststellung, daß Hans keine Kinder hat, ist Fritz davon ausgegangen, daß Hansens Kinder nicht allesamt Glatzen haben.«)

B 2. Wenn A B voraussetzt, setzt auch nicht-A B voraus; aber es gilt nicht, daß wenn A B zur Folge hat, dann auch nicht-A B zur Folge hat.

Beispiel: Daß Hansens Kinder allesamt Glatzen haben, setzt voraus, daß Hans Kinder hat; darum setzt auch die Feststellung, daß Hansens Kinder nicht allesamt Glatzen haben, voraus, daß Hans Kinder hat. Dagegen: Daß Hansens Kinder allesamt Glatzen haben, hat zur Folge, daß keines von Hansens Kindern keine Glatze hat; aber daß Hansens Kinder nicht allesamt Glatzen haben, hat keineswegs zur Folge, daß keines seiner Kinder keine Glatze hat (denn das würde gerade heißen, daß sie allesamt Glatzen haben).

Wenn A B zur Folge hat, geht es um den Inhalt von A und B; wenn A B voraussetzt, geht es dagegen offensichtlich darum, daß A überhaupt nur dann so richtig sinnvoll und verständlich ist, wenn B zutrifft.

C. *zu verstehen geben* usw. – *voraussetzen* usw.

Wenn A B voraussetzt
und X feststellt, daß A,
dann gibt X zu verstehen, daß X glaubt, daß B.

Dagegen:

Wenn A B zu verstehen gibt
und X feststellt, daß A,
dann geht X nicht davon aus, daß X glaubt, daß B.

Beispiel: Daß Hansens Kinder Glatzen haben, setzt voraus, daß Hans Kinder hat; stellt nun Fritz fest, daß Hansens Kinder Glatzen haben, so gibt er damit zu verstehen, daß er glaubt, daß Hans Kinder hat. Dagegen: Die Äußerung, daß Hansens Kinder Glatzen haben, gibt zu verstehen, daß der Sprecher glaubt, daß Hansens Kinder Glatzen haben; stellt nun Fritz fest, daß Hansens Kinder Glatzen haben, dann geht er in keiner Weise davon aus, daß er glaubt, daß er glaubt, daß Hansens Kinder Glatzen haben. (Denn daß Fritz diese komplizierte oder auch eine einfachere Überzeugung nicht hat, rüttelt nicht im mindesten an der Verständlichkeit und am Zutreffen oder Nichtzutreffen seiner Feststellung.)

Wenn A B voraussetzt und B falsch ist, so ist A mehr oder weniger unverständlich. Wenn A B zu verstehen gibt und B falsch ist, ist A dagegen unehrlich oder irreführend.

Diese Proben zeigen, daß die Wahrheit von B tatsächlich auf mindestens drei verschiedene Weisen »zur Wahrheit von

A gehören« kann. Inhaltlich kann man die drei Arten folgendermaßen zu charakterisieren versuchen:

1. A hat B zur Folge (usw.)
(a) Wer A sagt, aber B leugnet, ist inkonsequent; er widerspricht sich.
(b) Wer A sagt, obgleich B falsch ist, sagt etwas Falsches.
(c) Man kann nicht feststellen, daß A, ohne festzustellen, daß B, weil man damit, daß man A festgestellt hat, B schon festgestellt hat.
Kurz: Wer A sagt, sagt damit B.

2. A gibt B zu verstehen (usw.)
(a) Wer A sagt, aber B leugnet, fordert dazu auf, daß der Hörer ihm seine Feststellung nicht abnehme. Das ist so ungewöhnlich, daß der Hörer an ein Mißverständnis glauben wird. »Hansens Kinder haben Glatzen, aber ich glaube es nicht« wird der Hörer zum Beispiel so zu verstehen versuchen: »Fritz sagt, Hansens Kinder hätten Glatzen, aber ich glaube es nicht.«
(b) Wer A sagt, obgleich B falsch ist, ist unehrlich; er führt auf eigene Verantwortung den Hörer irre.
(c) Man *kann* in dem Sinne nicht feststellen, daß A, wenn B falsch ist, daß man es nicht feststellen *darf*.
Kurz: Wer A sagt, muß sich gefallen lassen, daß der Hörer auf die Verantwortung des Sprechers B unterstellt.

3. A setzt B voraus (usw.)
(a) Wer A sagt, aber B leugnet, fordert dazu auf, daß der Hörer ihm nicht abnimmt, daß er eine Feststellung treffen wolle. Wenn der Hörer kein Mißverständnis annimmt, wird er an einen billigen Witz des Sprechers glauben. (»Hansens Kinder haben allesamt Glatzen. ... (Oh!) ... Kinder hat er allerdings keine« ähnelt dem Versuch eines Kindes, ein anderes auf billige Art und Weise hereinzulegen: »Meinen Ball kannst du haben. ... (Fein!) ... Ich hab bloß keinen, ätsch!«)

(b) Wer A sagt, obgleich B falsch ist, trifft keine Feststellung (daher auch nicht, wer A bestreitet).
(c) Man kann A nicht feststellen, wenn B falsch ist, weil die Feststellung, daß A, nur zustande kommen kann, wenn B zutrifft.
Kurz: Wer A sagt, nimmt in Kauf, daß er nur dann etwas feststellt, wenn B wahr ist.

Wir können die drei Fälle nun zu den Unglücksfällen in Beziehung bringen.〉

zu verstehen geben usw.
Angenommen, ich sage: »Die Katze ist auf der Matte«, obgleich ich nicht glaube, daß die Katze auf der Matte ist. Was würden wir sagen? Offensichtlich ist das ein Fall von *Unredlichkeit.* Anders gesagt: Hier verunglückt eine Feststellung (!) in genau derselben Weise wie die Äußerung »Ich verspreche«, wenn ich nicht die zugehörigen Absichten und Meinungen habe. Die Unredlichkeit einer Behauptung ist dieselbe wie die Unredlichkeit eines Versprechens. »Ich verspreche es, habe es aber nicht vor« liegt auf derselben Linie wie »Es ist so, aber ich glaube es nicht«. Wer sagt »Ich verspreche«, ohne es vorzuhaben, tut etwas Ähnliches wie wer sagt »Es ist so«, ohne es zu glauben.

voraussetzen usw.
Was können wir über die Feststellung »Hansens Kinder haben allesamt Glatzen« sagen, wenn man sie trifft, obgleich Hans keine Kinder hat? Man sagt heute allgemein, daß sie *nicht* falsch sei, da sie über gar nichts spreche; daß eine Behauptung über etwas spricht, ist nötig, damit sie wahr oder falsch sein kann. (Ist sie dann bedeutungslos? Nicht in jedem Sinne: sie ist nicht, wie ein »bedeutungsloser Satz«, ungrammatisch, unvollständig, kein fauler Zauber oder dergleichen.) Manche sagen: »Die Frage stellt sich nicht.« Ich werde in diesem Fall sagen: »Die Äußerung ist nichtig.«

Vergleichen Sie damit den Unglücksfall, daß ich sage: »Ich taufe . . .«, aber die Bedingungen A.1 und A.2 nicht alle erfüllt sind. (Zwar ist vor allem A.2 betroffen; aber in Wahrheit geht es um beide in gleicher Weise – eine Voraussetzung im Sinne von A.1 besteht auch bei Feststellungen!) Wir könnten hier davon sprechen, daß Voraussetzungen nicht erfüllt sind. Die Äußerung geht von einer Menge Dinge aus; sind sie nicht alle so, dann verunglückt die Äußerung, ist sie nichtig. Zum Beispiel kommt ein Vertrag nicht zustande, wenn sein Gegenstand nicht existiert oder wenn der Vertrag mehrdeutig ist – genausowenig wie unter solchen Umständen eine Feststellung zustande kommt. Genauso stellt sich die Frage, ob ein Rat gut oder schlecht sei, gar nicht, wenn Sie nicht die Stellung haben, mir in dieser Sache überhaupt einen Rat zu erteilen.

zur Folge haben usw.

Schließlich könnte es sein, daß die Art, wie eine Proposition eine andere zur Folge hat, der Art nicht unähnlich ist, wie »Ich verspreche« »Ich soll« zur Folge hat. Es ist nicht ganz dasselbe, aber es gibt da eine Entsprechung: »Ich verspreche, aber ich muß darum noch nicht« entspricht der Äußerung »Es ist so, aber es ist nicht so«. Wer sagt »Ich verspreche«, aber es nicht tut, tut etwas Ähnliches, wie wenn er erst sagt »Es ist so« und dann »Es ist nicht so«. Ganz wie der Zweck des Behauptens durch einen Widerspruch in der Äußerung vereitelt wird (weil wir damit in einem Zuge Gleichheit und Verschiedenheit feststellen und so das ganze Verfahren um seinen Erfolg bringen), so vereiteln wir den Sinn eines Vertrages, wenn wir sagen: »Ich verspreche, aber ich muß darum noch nicht.« Damit legt man sich fest und weigert sich, sich festzulegen – ein Verfahren, das sich um den Erfolg bringt. Eine Behauptung legt uns auf eine weitere fest, eine Handlung auf eine zweite. Darüber hinaus hat, wenn p q zur Folge hat, nicht nur nicht-q nicht-p zur Folge, sondern »Ich muß nicht« hat auch zur Folge »Ich verspreche nicht«.

Schließen wir mit dem Ergebnis, daß wir uns nicht einfach auf die Proposition (was das auch sein mag) beschränken können, wenn wir erklären wollen, was mit Feststellungen schiefgehen kann; gerade das hat man immer getan. Wir müssen uns die gesamte Situation, in der die Äußerung getan wird, den ganzen Sprechakt, vornehmen, wenn wir die Entsprechungen zwischen Feststellungen und performativen Äußerungen sehen wollen; wenn wir sehen wollen, woran sie jeweils scheitern. Vielleicht ist der Unterschied zwischen beiden gar nicht so groß.

Fünfte Vorlesung

Am Schluß der letzten Vorlesung haben wir die Beziehungen zwischen performativen Äußerungen und verschiedenen – fraglos wahren oder falschen – Aussagen neu überdacht. Vier Zusammenhänge erschienen uns besonders bemerkenswert:

(1) Wenn die performative Äußerung »Ich bitte um Entschuldigung« glückt, dann trifft die Feststellung, daß ich um Entschuldigung bitte, zu.

(2) Soll die performative Äußerung »Ich bitte um Entschuldigung« glücken, dann muß die Aussage, daß bestimmte Bedingungen erfüllt sind (insbesondere aus den Regeln A.1 und A.2), wahr sein.

(3) Soll die performative Äußerung »Ich bitte um Entschuldigung« glücken, dann muß die Feststellung, daß bestimmte weitere Bedingungen (insbesondere aus unserer Regel Γ.1) erfüllt sind, zutreffen.

(4) Wenigstens für einige Typen von performativen Äußerungen, etwa für vertragliche Äußerungen, gilt: Wenn sie glücken, dann trifft die Feststellung zu, daß ich in der Folge dies oder jenes tun muß.

Ich habe gesagt, daß zwischen der zweiten Beziehung und dem, was wir bei Feststellungen »Voraussetzungen« (oder auch anders) genannt haben, eine gewisse Ähnlichkeit zu bestehen scheint, ja daß es sich vielleicht um ein und dieselbe Sache handelt; und genauso zwischen der dritten Beziehung und dem, was wir bei Feststellungen mit Ausdrücken wie »zu verstehen geben« umschrieben haben. Das waren zwei Fälle, in denen die Wahrheit einer Feststellung unbedingt zur Wahrheit einer anderen gehört, ohne daß die eine Feststellung aus der anderen in dem Sinne ableitbar wäre, wie man sich das vorstellt, wenn man von nichts als logischen Zwangsvorstellungen beherrscht ist. Nur die vierte und letzte dieser Beziehungen kann man so hinkriegen – wie gut das geht, sage ich nicht –, daß sie der Ableitbarkeitsbeziehung zwischen Feststellungen entspricht. »Ich verspreche, X zu tun, bin aber darum nicht dazu verpflichtet« sieht vergleichsweise schon wie ein Widerspruch aus (was immer das sein mag), jedenfalls eher als »Ich verspreche, X zu tun, habe es aber nicht vor«. Man könnte auch sagen, daß »Ich bin nicht verpflichtet, X zu tun« zur Folge habe: »Ich habe nicht versprochen, X zu tun«; und man könnte sagen, daß an der Art, wie ein bestimmtes p mich auf ein bestimmtes q festlegt, etwas davon sei, wie das Versprechen, X zu tun, mich darauf festlegt, X zu tun. Aber ich möchte weder behaupten noch bestreiten, daß hier eine Entsprechung existiere; nur, daß die Entsprechung in den beiden anderen Fällen jedenfalls sehr weit geht. Denn das genügt schon für die Befürchtung, daß unsere ursprüngliche, versuchsweise Unterscheidung zwischen konstativen und performativen Äußerungen auf die eine oder andere Weise zusammenbrechen könnte.

Wir können uns nun in unserer Überzeugung, daß die Unterscheidung endgültig sei, bestärken, indem wir uns an die Vorstellung erinnern, daß die konstative Äußerung wahr oder falsch sei, während die performative glücke oder nicht. Auf der einen Seite: Die Tatsache, daß ich um Entschuldigung bitte, beruht darauf, daß die performative Äußerung »Ich bitte um Entschuldigung« glückt; auf der anderen Seite: Daß die Feststellung, daß Hans läuft, zutrifft, beruht auf der Tatsache, daß Hans läuft. Möglicherweise ist dieser Gegensatz aber gar nicht so klar. Sehen wir nämlich zunächst die Feststellungen an: ⟨Zu Peters konstativer Äußerung »Hans läuft« gehört die Feststellung: »Peter stellt fest, daß Hans läuft«; und ob diese letztere zutrifft, kann genauso vom Glücken seiner performativen Äußerung »Ich stelle fest, daß Hans läuft« abhängen, wie die Wahrheit von »Peter bittet um Entschuldigung« davon abhängt, ob seine performative Äußerung »Ich bitte um Entschuldigung« glückt.⟩ Sehen wir uns dann zweitens die performativen Äußerungen an: Zu der performativen Äußerung (ich setze voraus, daß es eine ist) »Ich warne euch, der Stier geht gleich auf euch los« gehört die Tatsache, daß der Stier auf dem Sprung ist; wenn er überhaupt keine Anstalten macht, gleich loszugehen, ist nämlich die Äußerung »Ich warne euch, der Stier geht gleich auf euch los« der Kritik ausgesetzt – und ihr Fehler ist keiner von denen, die wir bisher als Unglücksfälle gekennzeichnet haben! Wir würden in diesem Fall nicht sagen, die Warnung sei nichtig – d. h. er habe nicht gewarnt, sondern nur so getan, als ob –, und auch nicht, sie sei unehrlich. Wir würden viel eher sagen, die Warnung sei unbegründet, ungerechtfertigt, unzutreffend gewesen, ganz wie bei einer Feststellung. Zusammengenommen also: Glücken und Verunglücken geht auch Feststellungen an (einige wenigstens), und Wahrheit und Falschheit auch die performativen Äußerungen (einige wenigstens).

Wagen wir uns also einen weiteren Schritt in die Wüste relativer Genauigkeit vor und fragen: Gibt es eine Möglichkeit, performative und konstative Äußerungen ein für allemal präzise zu unterscheiden? Ganz von selbst bietet sich zuerst die Frage an, ob es ein *grammatisches* (oder lexikographisches) Merkmal gibt.

Bisher haben wir uns mit List und Tücke auf eine kleine Zahl klassischer Beispiele beschränkt, nämlich performative Äußerungen, die Verben in der ersten Person Singular des Indikativ Präsens Aktiv enthalten. Wir werden bald sehen, daß wir dafür gute Gründe hatten. Beispiele sind: »Ich taufe«, »Ich wette«, »Ich vermache«. Aus ziemlich offenkundigen Gründen, auf die ich aber doch kurz eingehen will, ist dieser Typ die häufigste Form der explizit performativen Äußerung. Beachten Sie: Bei »Präsens« und »Indikativ« handelt es sich natürlich um Namensirrtümer (von den falschen Vorstellungen, die »Aktiv« erweckt, ganz zu schweigen) – ich benutze sie nur in der bekannten grammatischen Bedeutung. Zum Beispiel dient das »Präsens« häufig nicht zur Beschreibung oder auch nur zur Angabe von etwas, das ich gegenwärtig tue. »Ich trinke Bier« (anders als »Ich sitze hier und trinke Bier«) entspricht nicht einer Form des Futurs oder des Präteritums, die sagt, was ich in Zukunft tun werde oder in der Vergangenheit getan habe. Viel häufiger gibt die Äußerung an, was ich *zu tun gewohnt* bin – wenn sie überhaupt eine Angabe macht. Und gerade da, wo sie am entschiedensten »präsentisch« ist, nämlich in performativen Äußerungen wie »Ich taufe«, da ist die Präsensform eben *nicht* indikativisch in dem Sinne, wie die Grammatiker sich das vorstellen, nämlich *kein* Bericht, *keine* Beschreibung, *keine* Information über einen konkreten Sachverhalt oder ein Ereignis; denn wie wir gesehen haben, beschreiben oder informieren performative Äußerungen gar nicht, sondern indem man sie benutzt, tut man etwas. »Präsens Indikativ« benutzen wir also nur, um die grammatische Form von »Ich taufe«, »Ich gehe« und so weiter zu bezeichnen. °

Sind nun die erste Person Singular und der (sogenannte) Indikativ Präsens Aktiv für die performativen Äußerungen wesentlich? Damit, daß es auch die erste Person Plural sein kann – Beispiele wie »Wir versprechen«, »Wir kommen überein« und so weiter springen ja sofort ins Auge –, brauchen wir uns nicht aufzuhalten; über wichtigere Ausnahmen stolpert man bei jedem Schritt, und einige haben wir im Vorübergehen schon genannt.

Ein sehr verbreiteter und wichtiger Typ von – wie man doch sagen möchte – unzweifelhaft performativen Äußerungen hat das Verb in der *zweiten oder dritten Person* (Singular oder Plural), und zwar im *Passiv*; Person und Genus verbi sind also auf jeden Fall nicht wesentlich. Ein paar Beispiele:

⟨(1) Sie werden hiermit angewiesen, den Platz sofort zu räumen, wenn . . .

(2) Die Skifahrer werden dringend gebeten, sich auf der Tafel über den Zustand der Abfahrt zu informieren.

Zusammen mit dem Passiv tritt häufig das unpersönliche Subjekt auf:

(3) Hiermit wird allen für ihre freundliche Anteilnahme am Grabe des Verstorbenen gedankt.⟩

Diese Art von performativen Äußerungen ist verbreitet, wo es formell oder nach Rechtsvorschriften zugeht. Es ist für sie kennzeichnend, daß jedenfalls ihre schriftliche Form oft das Wort »hiermit« enthält und wohl immer enthalten kann; damit wird angegeben, daß die (schriftliche) Äußerung des Satzes sozusagen ein Werkzeug ist, mit dem die Handlung des Anweisens, Bittens, Dankens und so weiter vollzogen wird. »Hiermit« ist ein brauchbares Kriterium dafür, ob eine Äußerung performativ ist. Ein Satz, in den es nicht eingefügt wird, kann zum Bericht über etwas, das gewöhnlich passiert, benutzt werden: ⟨»Der Verkehrsverein in Oberschneehausen wacht nicht nur über den Zustand der Abfahrten und gibt ihn auf einer Tafel bekannt; die Skifahrer werden auch dringend gebeten, sich auf der Tafel über den Zustand der Abfahrten zu informieren.«⟩

Wenn wir uns nun nicht auf diese sehr formalisierten, sehr expliziten performativen Äußerungen beschränken, müssen wir anerkennen, daß auch Modus und Zeit (an denen wir bisher, anders als an Person und Genus verbi, festgehalten haben) als absolute Kriterien zusammenbrechen.

Der Modus erweist sich als unbrauchbar; um jemandem zu befehlen, Rechtsum zu machen, brauche ich nicht den Indikativ zu benutzen und zu sagen »Ich befehle Rechtsum«, sondern ich sage einfach: »Machen Sie Rechtsum!« Ich kann jemandem erlauben zu gehen, indem ich einfach sage: »Gehen Sie.« Und statt »Ich rate Ihnen, sich rechts zu halten« kann ich sagen: »Ich an Ihrer Stelle würde mich rechts halten.« ⟨Außerdem hat man natürlich sehr häufig die Möglichkeit, an Stelle des Indikativs den Konjunktiv zu verwenden: »Hiermit sei allen für Ihre Anteilnahme gedankt.«⟩

Auch mit der Zeit klappt es nicht. Wenn ich auf Abseits entscheide, brauche ich nicht zu sagen: »Ich entscheide auf Abseits«, sondern sage einfach: »Sie waren abseits.« Oder,

ganz ähnlich: Statt »Meine Entscheidung ist Schuldig« sage ich einfach: »Sie haben es getan.«
Ganz zu schweigen von den Fällen, wo wir nur einen unvollständigen Satz haben – ich nehme eine Wette an, indem ich sage: »Top!« Ich brauche also nicht einmal ein Verb in der Äußerung zu haben; ich sage einfach »Schuldig« und erkläre damit jemanden für schuldig, oder ich sage »Aus« und entscheide damit, daß der Ball aus ist.
Besonders mit einigen Wörtern, die sehr performativ aussehen, etwa »Abseits«, scheinen wir sogar unsere obige Regel (nach der das Passiv und die zweite oder dritte Person zusammengehören) widerlegen zu können. Statt »Ich entscheide, daß Sie abseits sind« sage ich viel einfacher »Sie sind abseits« – dritte Person Aktiv –; und statt »Ich weihe mich ...« könnte ich sagen »Ich bin dazu bestimmt ...« – Passiv mit der ersten Person. Wir könnten es darum in unserem Bemühen um ein Kriterium für performative Äußerungen mit bestimmten *Wörtern* versuchen, von der *Grammatik* aufs *Vokabular* übergehen. Als Wörter kommen etwa in Frage: »abseits«, »erlaubt«, »versprechen«, »gefährlich« und so weiter. Aber so geht es auch nicht; der Grund:
(I) Wir bringen die performative Äußerung ohne das entscheidende Wort zustande, zum Beispiel so:

(a) Statt »gefährliche Kurve« kann es heißen »Kurve«, und »Stier« statt »Vorsicht, Stier«.

(b) Statt »Der Beamte wird angewiesen« kann es heißen: »Der Beamte wird ...«, und »Ich werde ...« statt »Ich verspreche«.

(II) Das entscheidende Wort kann auftauchen, ohne daß die Äußerung performativ ist; etwa:

(a) Ein Zuschauer kann sagen: »Das war (eigentlich) Aus.« Oder ich sage: »Sie waren schuldig« oder »Sie waren abseits«, ja sogar: »Sie sind schuldig«, »Sie sind abseits«; und zwar in Fällen, wo ich für diese Entscheidung nicht zuständig bin.

(b) In Wendungen wie »Sie haben es doch versprochen«,

»Sie haben es doch gebilligt« und so weiter wird das Wort jeweils nicht-performativ gebraucht.

Auf unserer Suche nach einem *einfachen, einheitlichen* Kriterium auf Grund der Syntax oder des Vokabulars einer Äußerung sind wir damit in einer Sackgasse gelandet. Vielleicht läßt sich aber ein komplizierteres Kriterium oder eine Reihe von einfacheren oder komplizierteren Kriterien finden, die sowohl auf die Syntax als auch auf das Vokabular Rücksicht nehmen. Ein solches Kriterium unter anderen könnte etwa sein, daß jede Äußerung mit einem Verb im Imperativ performativ wäre. (Damit geriete man wieder in ganz andere Schwierigkeiten, etwa wann ein Verb im Imperativ steht und wann nicht, worauf ich hier nicht eingehen will.)

Ich möchte statt dessen für einen Augenblick zu unseren früheren Versuchen zurückkehren: hatte unsere erste Vorliebe für Verben im sogenannten »Indikativ Präsens Aktiv« nicht doch ihren guten Grund?

Wir sind davon ausgegangen, daß die performative Äußerung der Vollzug einer Handlung (oder Teil eines solchen Vollzugs) sein soll. Nur Personen können Handlungen vollziehen, und in unserem Fall muß natürlich der Handelnde der sein, der die Äußerung tut; daher unsere begründete, wenn auch fehlerhafterweise nur grammatisch ausgedrückte Vorliebe für die »erste Person« – sie muß auftauchen, von ihr muß die Rede sein. Noch mehr: Wenn der Sprecher handelt, tut er irgend etwas; daher unsere vielleicht schlecht ausgedrückte Vorliebe für das grammatische Präsens und das grammatische Aktiv des Verbs. *Im Augenblick seiner Äußerung tut der Sprecher etwas.*

Wo die sprachliche Formulierung der Äußerung auf den Sprecher und damit den Handelnden *nicht* mit Hilfe des Pronomens »ich« (oder mit seinem Eigennamen) hinweist, da wird diese Beziehung durch eines der beiden folgenden Mittel hergestellt:

(a) In mündlichen Äußerungen *dadurch, daß er der Sprecher ist* – wir können das den Äußerungs-*Ursprung* nennen, der in jedem Koordinatensystem benutzt wird, welches festlegt, worüber mündliche Äußerungen gehen.
(b) In schriftlichen Äußerungen (»Inschriften«) *dadurch, daß er unterzeichnet.* (Tun muß man das natürlich deshalb, weil schriftliche Äußerungen nicht so an ihren Ursprung gebunden sind wie mündliche.)

Das »Ich«, das da seine Handlung tut, ist also ein ganz wesentliches Detail des Bildes. Ein Vorteil unserer ursprünglich untersuchten Äußerungen in der ersten Person Singular Indikativ Präsens Aktiv und genau so der Passivformen in der zweiten oder dritten Person (eventuell mit unpersönlichem Subjekt) mit angehängter Unterschrift liegt darin, daß diese implizit in der Äußerungssituation gegebene Tatsache *explizit* gemacht wird. Darüber hinaus dienen die Verben, die ihrer Bedeutung nach besonders performativ aussehen, einer speziellen Aufgabe: sie *machen explizit,* welche Handlung genau man damit, daß man die Äußerung tut, vollzieht (explizit machen ist etwas anderes als behaupten oder beschreiben). Andere Wörter, die eine spezielle performative Rolle zu spielen scheinen (und sie spielen sie wirklich), etwa »Schuldig«, »Abseits« und so weiter, tun das insoweit, als sie über ihren »Ursprung« mit solchen speziellen, explizit performativen Verben wie »versprechen«, »verkünden«, »entscheiden« und so weiter zusammenhangen.

Ausdrücke mit »hiermit ...« sind eine weitere brauchbare Möglichkeit. Unter gewöhnlichen Umständen sind sie aber zu formell; und wir können außerdem sagen: »Hiermit stelle ich fest« oder »Hiermit bezweifle ich«, während wir doch ein Kriterium zur *Unterscheidung* von Feststellungen und performativen Äußerungen finden wollen. (Ich muß noch einmal betonen, daß wir hier ins Schwimmen geraten. Es ist erheiternd, den festen Boden unserer Vorurteile wanken zu spüren; aber es rächt sich.)

Es läge jetzt also nahe zu sagen: Wenn eine Äußerung überhaupt performativ ist, dann muß man sie durch Reduktion, Ausweitung oder sonstige Analyse auf eine Form bringen können, in der sie ein Verb in der ersten Person Singular Indikativ Präsens Aktiv enthält. Das ist ja der Test, den wir oben benutzt haben. Zum Beispiel:

»Tor« ist gleichwertig mit »Ich entscheide auf Tor«, »Ich gebe Tor« (vorausgesetzt, die Äußerung ist performativ und es hat nicht einfach ein Zuschauer »Tor« geschrieen oder ein Reporter sich »Tor« notiert).

»Schuldig« ist gleichwertig mit »Ich erkenne ihn für schuldig«, »Ich erkläre ihn für schuldig«, »Ich verurteile ihn als den Schuldigen«.

»Spaziergänger seien vor dem gefährlichen Stier gewarnt« ist gleichwertig mit: »Ich, Hans Hansen, warne alle Spaziergänger vor dem gefährlichen Stier« oder mit:

Gefährlicher Stier
gez.
Hans Hansen.

Ausweitungen dieser Art machen zweierlei klar: daß die Äußerung performativ ist und welche Handlung damit vollzogen wird. Wird eine performative Äußerung nicht in dieser Weise explizit umgeformt, dann wird man sie gewöhnlich auch nicht-performativ verstehen können. »Das gehört Ihnen« kann zum Beispiel sowohl bedeuten »Das war Ihres (Sie haben es mitgebracht)« als auch »Ich gebe es Ihnen«. ⟨In der umgangssprachlichen Äußerung »Ich hab's dir jedenfalls gesagt« wird diese Mehrdeutigkeit geradezu ausgenutzt: Erstens *sage ich es dir hiermit* (performativ), und zweitens berufe ich mich jetzt und für die Zukunft auf das Zutreffen der (nicht-performativen) Feststellung, *daß ich es dir gesagt habe.*⟩

Wir könnten in dieser Richtung zwar weiterkommen (die

Sache hat immer noch ihre Tücken)[19]; wir müssen aber festhalten, daß diese sogenannte erste Person Singular Indikativ Präsens Aktiv *in einer seltsamen und besonderen Weise gebraucht wird.* Insbesondere müssen wir eine systematische *Asymmetrie* zwischen dieser Form und anderen Personen und Zeiten *genau desselben Verbs* anmerken. Daß *diese* Asymmetrie vorliegt, ist gerade das Kennzeichen des performativen Verbs. (Sie kommt einem *grammatischen* Kriterium für performative Äußerungen am nächsten.)

Betrachten wir als Beispiel, wie man »Ich wette« im Unterschied zu anderen Personen und Zeiten von »wetten« gebraucht. »Ich habe gewettet« und »Er wettet« sind keine performativen Äußerungen, sondern beschreiben meine bzw. seine Handlung – und diese Handlung bestand jedesmal in der performativen Äußerung »Ich wette«. Wenn ich die Worte »Ich wette« ausspreche, dann stelle ich nicht fest, daß ich die Worte »Ich wette« oder irgendwelche anderen Worte ausspreche, sondern ich wette; genauso *wettet* er, wenn er sagt, er wette, d. h. wenn er sagt: »Ich wette.« Äußere ich dagegen: »Er wettet« oder stelle ich bloß fest, daß er die Worte »Ich wette« äußere (besser: geäußert habe), dann wette ich nicht für ihn – das kann nur er. Ich beschreibe, wie er eine Wette abschließt; meine Wette schließe ich selber ab; seine Wette muß er selbst abschließen. Hat man ein Kind gebeten, etwas Bestimmtes zu tun, dann können seine eifrigen Eltern zwar sagen: »Er verspricht es, nicht, Willi?« Aber damit der kleine Willi es wirklich verspricht, muß er immer noch selbst sagen: »Ich verspreche es.« Verben, die nicht explizit performativ gebraucht werden, kennen nun diese Asymmetrie ganz allgemein überhaupt nicht. Zum Beispiel

19. Zum Beispiel: Mit welchen Verben können wir das machen? Wenn die performative Äußerung ausgewalzt wird, welcher Test sagt uns dann, ob die erste Person Singular Indikativ Präsens Aktiv in diesem Fall performativ ist – immer vorausgesetzt, daß alle anderen performativen Äußerungen unbedingt auf diese formal bestimmte Form gebracht werden können (sei's auch knapp am Ziel vorbei!)?

besteht keine solche Asymmetrie zwischen »Ich laufe« und »Er läuft«.

Allerdings ist zu bezweifeln, daß das ein rein »grammatisches« Kriterium ist (gibt es das überhaupt?); und jedenfalls ist es nicht sehr genau, denn:

(1) Auch bei Verben, die die Asymmetrie kennen, kann die erste Person Singular Indikativ Präsens Aktiv anders als explizit performativ benutzt werden, etwa zur Beschreibung meiner Gewohnheiten: »Ich wette (jeden Morgen) mit ihm, daß es regnen wird« oder »Ich verspreche nur dann etwas, wenn ich mein Wort halten will«.

(2) Die erste Person Singular Indikativ Präsens Aktiv kann zur Beschreibung meiner zu anderen Zeitpunkten vollzogenen Handlungen benutzt werden: »Auf S. 49 protestiere ich gegen das Urteil.« Das ist das »historische« Präsens. ⟨Man muß es also in der Formulierung des Kriteriums ausnehmen und kann das sinnvollerweise tun, weil die Verbform in solchen Fällen durch eine andere Zeit ersetzbar ist: »Auf S. 49 habe ich gegen das Urteil protestiert.« Daß das Präsens hier kein »richtiges« Präsens ist, könnten wir mit der Überlegung stützen, daß performative Verben im Englischen in der ersten Person Singular Indikativ Präsens Aktiv keine Verlaufsform kennen: »I am promising« oder »I am protesting« sagt man nicht. Dasselbe gilt für die Umschreibungen, die man in Schulgrammatiken für die Verlaufsform findet: »Ich bin dabei, zu protestieren« oder »Ich verspreche gerade« sagt man nicht. Der Grund dafür dürfte sein, daß man, um wahrheitsgemäß sagen zu können: »Ich bin (jetzt im Augenblick dieser Äußerung) dabei, zu versprechen«, im Augenblick dieser Äußerung etwas versprechen müßte; man müßte also im gleichen Augenblick auch äußern: »Ich verspreche . . .«. Das kann man aber nicht, weil man schon etwas anderes äußert, nämlich: »Ich bin (jetzt im Augenblick dieser Äußerung) dabei, zu versprechen.« Dieser Sachverhalt zeigt sich am Ergebnis der im Englischen möglichen Probe, ob die Verlaufsform »I am promising« möglich ist; im Deutschen ist für

denselben Sachverhalt etwa die folgende Probe möglich: Bei performativen Verben (hier: »versprechen«) kann man jede Äußerung der Art »Ich versichere, daß ich verspreche«, »Es stimmt, daß ich verspreche« in einen gleichwertigen Satz der Form »Ich versichere, daß ich versprechen werde« oder »Es stimmt, daß ich versprochen habe (versprechen werde)« überführen; damit zeigt sich, daß das Versprechen nicht jetzt passiert. Dinge, die man tun kann, ohne etwas zu äußern, kann man dagegen gleichzeitig mit Äußerungen tun; insbesondere kann man gleichzeitig mit ihnen äußern, daß man sie tut. Deshalb heißt »Ich versichere, daß ich laufe« oder »Es stimmt, daß ich hier sitze« nicht unbedingt, daß ich laufen werde oder gesessen habe.
Allerdings weist diese Überlegung auf eine Ausnahme hin. Während der Zeremonie der Trauung kann ich in jedem Augenblick, wo ich nicht »Ja« oder etwas dergleichen sagen muß, sagen: »Es stimmt, ich nehme sie zur Frau« – wenn etwa ein zu spät erschienener Freund glaubt, wir spielten nur Theater; und daraus folgt nicht, daß ich sie später zur Frau nehmen werde oder sie früher zur Frau genommen habe. Die performative Äußerung »Ja« (gleichbedeutend mit: »Ich nehme sie zur Frau«) macht hier nicht das ganze Verfahren aus, sondern ist nur ein Element unter mehreren in einer sich hinziehenden Zeremonie. Und wenn ich meinen Protest anders ausdrücke als durch die Äußerung »Ich protestiere«, etwa indem ich mich an Parkgitter ankette, dann kann ich sagen »Es stimmt, ich protestiere«, ohne damit über die Zukunft oder die Vergangenheit zu reden. Dasselbe gilt, wenn ich einen Befehl niederschreibe und, während ich die Worte »Ich befehle« schreibe, sage: »Ja, ich befehle.«⟩

(3) Manche Verben können in der ersten Person Singular Indikativ Präsens Aktiv zu zwei Dingen auf einmal benutzt werden. Ein Beispiel ist »Ich nenne«, etwa wenn ich sage: »Inflation nenne ich den Sachverhalt, daß zu viel Geld hinter zu wenigen Gütern her ist«; das ist erstens eine perfor-

mative Äußerung und zweitens die Beschreibung des Verhaltens, das sich nun anschließen muß.
(4) Wir laufen Gefahr, auf Grund des Kriteriums viele Wendungen als performative Äußerungen bezeichnen zu müssen, die wir doch nicht dabeihaben wollen – etwa »Ich stelle fest, daß« (wer das äußert, stellt damit etwas fest) mit genau demselben Recht wie »Ich wette, daß«.
(5) Es gibt die Fälle, wo wir die Worte in die Tat umsetzen, etwa wenn wir sagen: »Ich pfeife auf dich«; oder: »J'adoube«; oder: »Ich zitiere«, und dann wird tatsächlich zitiert. Wenn ich folgendermaßen definiere: »Ich definiere x wie folgt: x ist y«, dann setze ich meine Worte (»Ich definiere x wie folgt«) in die Tat (das Definieren) um. Benutze ich dagegen den Ausdruck »Ich definiere x als y«, dann gehe ich von dem Verhalten, meinen Worten die Tat folgen zu lassen, zur performativen Äußerung über. Wir können hinzufügen, daß es einen ähnlichen Übergang auch von der Benutzung von Begrenzungswörtern [markers] – wie wir sie nennen können – zur performativen Äußerung gibt. Beim Wort »Ende« am Schluß eines Romans fängt das an und geht über die Worte »Ende der Durchsage« am Ende einer Durchsage in die Äußerung »Damit schließe ich meine Ausführungen« am Ende einer Rede über. Wir können sagen, daß hier die Handlung durch die Worte *begrenzt* wird, und diese Benutzung des Wortes wird dann schließlich zur Handlung des Beendens. (Freilich schwierig, so etwas zu tun oder das Ende auf andere Weise klarzumachen – schließlich besteht es ja darin, mit dem Tun aufzuhören.)
(6) Müssen wir tatsächlich immer ein performatives Verb haben, um etwas, das wir unbestreitbar mit unserer Äußerung tun, klarzumachen? Ich kann Sie zum Beispiel damit beleidigen, daß ich etwas Bestimmtes sage – aber die Formel »Ich beleidige Sie« kennen wir nicht.
(7) Können wir performative Äußerungen wirklich immer ohne Bedeutungsverlust in die Normalform übersetzen? »Ich werde ...« kann ganz verschieden gemeint sein; vielleicht

nutzen wir das aus. Oder wir sagen: »Es tut mir leid.« Ist das wirklich dasselbe wie das ausdrückliche »Ich bitte um Entschuldigung«?

Wir werden auf den Begriff der explizit performativen Äußerung zurückkommen müssen; und wir werden wenigstens *historisch* zu untersuchen haben, wie einige von diesen Schwierigkeiten entstehen. Letzten Endes sind sie vielleicht gar nicht so ernst.

Sechste Vorlesung

Wir haben vermutet, daß die performativen Äußerungen von den konstativen doch nicht ganz so klar unterschieden seien – erstere geglückt oder verunglückt, letztere wahr oder falsch –, und haben deshalb überlegt, wie man die performativen klarer definieren könnte. Die Kriterien, welche wir zunächst vorgeschlagen haben, machten sich die Syntax oder das Vokabular der Äußerung oder beides zunutze. Wir haben gezeigt, daß es sicher kein absolutes Kriterium dieser Art geben kann und daß es höchstwahrscheinlich nicht einmal möglich ist, eine Liste aller möglichen Kriterien anzulegen; darüber hinaus würden sie sicher nicht die performativen Äußerungen von den konstativen unterscheiden, da man sehr häufig denselben Satz in zwei verschiedenen Äußerungen einmal performativ, einmal konstativ benutzen kann. Die Sache sieht von vornherein hoffnungslos aus, wenn wir die Äußerungen so lassen, *wie sie dastehen*, und nach einem Kriterium suchen.

Trotzdem scheinen performative Äußerungen mit dem Verb in der ersten Person Singular Indikativ Präsens Aktiv, wie wir sie in unseren ersten Beispielen benutzt haben, unsere besondere Gunst zu verdienen; denn wenn man mit der Äußerung wirklich etwas tut, sehen »Ich«, »Präsens« und »Aktiv« ganz passend aus. Allerdings ähneln die Verben in performativen Äußerungen dem Rest der Verben in dieser »Zeit« überhaupt nicht; vielmehr weisen sie eine wesentliche *Asymmetrie* auf. Und zwar kennzeichnet diese Asymmetrie eine lange Liste von Verben, die performativ aussehen. Der nächste Vorschlag wäre dann:

(1) Wir machen eine Liste von allen Verben mit dieser Eigenart.

(2) Wir nehmen an, daß alle performativen Äußerungen, die selbst nicht diese bevorzugte Form haben – also auch nicht mit »Ich x-e, daß«, »Ich x-e, zu« oder »Ich x-e« an-

fangen –, doch auf sie gebracht und auf diese Weise zu *explizit* performativen Äußerungen gemacht werden können.

Fragen wir uns jetzt: Wie leicht wird das, und ist es überhaupt möglich? Es macht keine großen Schwierigkeiten, Ausnahmen für die Fälle vorzusehen, wo die erste Person Singular Indikativ Präsens Aktiv auch dieser Verben anders gebraucht wird, und zwar durchaus konstativ oder deskriptiv, nämlich zur Kennzeichnung von Gewohnheiten, als »historisches« (Quasi-)Präsens und so wie die Verlaufsform im Englischen. Aber ich habe am Schluß schleunigst hinzugefügt, daß es noch weitere Schwierigkeiten gibt; drei haben wir als typisch angeführt:

(1) »Ich bestimme (dies als ein x)«, wohl auch »Ich behaupte« sehen ebensogut performativ wie konstativ aus. Sind sie das eine oder das andere – oder beides?

(2) »Ich stelle fest, daß« scheint unseren grammatikalischen oder quasi-grammatikalischen Erfordernissen zu genügen; aber wollen wir *diese* Äußerung dabeihaben? So wie unser Kriterium dasteht, riskieren wir, daß nicht-performative Äußerungen sich dazwischenmogeln.

(3) Manchmal haben wir den ganz typischen Fall, daß jemand mit seiner Äußerung etwas tut – er beleidigt zum Beispiel, ganz wie er auch tadeln könnte. Aber die performative Äußerung »Ich beleidige Sie« gibt es nicht. Unser Kriterium deckt nicht alle Fälle, in denen man mit seiner Äußerung etwas tut; denn die »Reduktion« auf eine explizit performative Äußerung ist anscheinend nicht immer möglich.

Wir wollen uns darum etwas eingehender um den Ausdruck »explizit performativ« kümmern, den wir doch recht heimlich eingeführt haben. Für das Gegenteil nehme ich den Ausdruck »primär performativ« (statt »implizit«). Ein Beispiel war:

(1) Primäre Äußerung: »Ich werde da sein.«
(2) Explizit performative Äußerung: »Ich verspreche, daß ich da sein werde.«

Wir haben gesagt, daß die letztere Ausdrucksweise klarmache, expliziere, welche Handlung mit der Äußerung vollzogen wird, nämlich mit der Äußerung »Ich werde da sein«. Sagt jemand bloß: »Ich werde da sein«, dann können wir fragen: »Ist das ein Versprechen?« Möglicherweise bekommen wir zur Antwort »Ja« oder »Ja, ich verspreche es« (bzw. »daß ...« oder »zu ...«); genausogut hätte die Antwort aber sein können »Nein, aber ich habe es vor« (Ausdruck oder Kundgabe meiner Absicht) oder »Nein, aber in Kenntnis meiner Schwächen kann ich doch sagen, daß ich vermutlich da sein werde«.

Nun müssen wir gleich doppelt Verwahrung einlegen. »Klarmachen«, was ich tue, ist nicht dasselbe wie Beschreiben oder Feststellen, was ich tue (jedenfalls nicht im üblichen philosophischen Sinne dieser Wörter). Soweit »klarmachen« oder »explizieren« dergleichen nahelegt, sind die Wörter schlecht gewählt. An Handlungen, die zwar außersprachlich sind, den performativen Äußerungen aber als Vollzug einer konventionellen Handlung (in diesem Fall einer formellen, zeremoniellen Handlung) ähneln, läßt der Sachverhalt sich klären. Nehmen Sie an, ich bücke mich vor Ihnen tief; vielleicht ist es nicht klar, ob ich mich vor Ihnen verbeuge oder ob ich mich beispielsweise bücke, um die Flora zu mustern oder meiner Verdauung Erleichterung zu verschaffen. Dann wird, ganz allgemein gesagt, die Handlung (etwa des Verbeugens) in der Regel ein weiteres, besonderes Element enthalten, damit erstens klar wird, *daß* sie eine konventionell-zeremonielle Handlung, und zweitens, *welche* es ist. Zum Beispiel: Ich nehme meinen Hut ab; ich berühre den Boden mit dem Kopf; ich lege meine andere Hand ans Herz; sehr wahrscheinlich werde ich sogar einen Laut oder ein Wort äußern, zum Beispiel: »Salaam!« Damit, daß ich »Salaam« äußere, beschreibe ich nicht das, was ich tue; ich stelle damit genausowenig fest, daß ich mich verbeuge, wie damit, daß ich meinen Hut abnehme. Und ganz genauso (wir werden freilich darauf zurückkommen) beschreibe ich mit den Worten »Ich grüße dich« meine Handlung so wenig wie mit dem Wort »Salaam«. Wer so etwas sagt, macht damit klar, wie die Handlung aufzufassen, wie sie zu verstehen ist, was für eine Handlung es überhaupt ist. Dasselbe gilt, wenn man den Ausdruck »Ich verspreche, daß« einfügt. Eine Beschreibung ist das nicht; denn erstens kann der Satz nicht wahr oder falsch sein, und zweitens machen die Worte »Ich verspreche, daß« aus der Äußerung (wenn sie glückt, natürlich) ein Versprechen, und zwar eindeutig. Wir können durchaus sagen, daß eine performative Wendung wie »Ich verspreche, daß« klarmacht, wie die Äußerung zu verstehen ist, ja sogar daß die Wendung »sagt«, daß ein Versprechen gegeben worden ist; aber wir können nicht sagen, daß solche Äußerungen wahr oder falsch, daß sie Beschreibungen oder Berichte seien.

Nicht ganz so wichtig ist die zweite Warnung. Man beachte, daß in Äußerungen dieses Typs zwar auf das Verb (zum Beispiel »versprechen«, »entscheiden«, »verkünden« oder auch »schätzen«) ein daß-Satz folgen kann, daß wir aber nicht von indirekter Rede sprechen dürfen. Denn die daß-Sätze der indirekten Rede (oratio obliqua) werden benutzt, um zu berichten, was jemand anders oder was ich selbst bei anderer Gelegenheit gesagt haben; typisch ist zum Beispiel »Er hat gesagt, daß«, vielleicht auch »Er hat versprochen, daß« (falls »daß« hier keine Doppelrolle spielt) und »Auf S. 456 habe ich erklärt, daß«. Falls das ein klarer Begriff ist[20], dann ähnelt »daß« in der indirekten Rede dem »daß« unserer explizit performativen Äußerungen offensichtlich nicht vollkommen: denn hier berichte ich nicht in der ersten Person Singular Indikativ Präsens Aktiv über meine eigenen Worte. Nebenbei gesagt ist es natürlich absolut nicht nötig, daß einem explizit performativen Verb ein »daß« folgt; es gibt die Fälle, in denen »zu« folgt (»ich verspreche zu kom-

20. Meine Erläuterung ist sehr dunkel, wie die aller Grammatiken für »daß«-Sätze auch. Ihre Erläuterungen für »was«-Sätze sind sogar noch schlimmer.

men«) oder aber gar keine verbale Konstruktion (»ich bitte um Entschuldigung für«, »ich grüße Sie«).

Ich glaube nun, daß wir angesichts der komplizierten sprachlichen Konstruktion und angesichts ihrer Stellung in der explizit performativen Äußerung mit gutem Grund vermuten dürfen, daß historisch, also im Laufe der Sprachentwicklung, die explizit performative Äußerung später entstanden sein muß als gewisse ihr gegenüber primäre Äußerungen, von denen viele wenigstens schon implizit performativ sind und die als Teile der meisten oder jedenfalls von vielen explizit performativen Äußerungen auftreten. Zum Beispiel ist »Ich werde ...« älter als »Ich verspreche, daß ich ... werde«. Die plausibelste Ansicht wäre wohl (allerdings weiß ich nicht so recht, wie man sie begründen könnte), daß in primitiven Sprachen noch nicht klar und nicht zu unterscheiden wäre, welche von den (hinsichtlich späterer Unterscheidungen) unterschiedlichen Handlungen, die wir zur Auswahl hätten, wir nun wirklich vollzögen. In einer primitiven Sprache mit Ein-Wort-Äußerungen[21] könnte man mit »Stier« oder »Donner« zum Beispiel warnen, mitteilen, voraussagen und so weiter. Und genauso plausibel ist die Auffassung, daß die Sprache erst in späteren Stadien die ausdrückliche Unterscheidung der verschiedenartigen *Rollen [forces]*, welche die Äußerungen spielen können, entwickelt hat; und damit hat sie viel erreicht. Die Äußerungen in der primitiven, primären Form bleiben in dieser Beziehung so »mehrdeutig«, »äquivok«, »vage« wie in der primitiven Sprache; sie machen ihre Rolle nicht richtig klar. Das kann im Einzelfall von Nutzen sein; aber je differenzierter sich soziale Formen und Verfahren entwickeln, desto nötiger wird die Klärung. Vergessen Sie allerdings nicht, daß diese Klärung ebensosehr etwas schafft wie entdeckt oder beschreibt! Es werden in gleichem Maße klare Unterscheidungen getroffen wie (bereits vorhandene) Unterscheidungen klar getroffen.

21. Die primitiven Sprachen waren das ja vermutlich, vgl. Jespersen.

Allerdings sind wir nun in großer Gefahr, etwas zu tun, das wir keinesfalls tun dürfen: nämlich als selbstverständlich anzunehmen, wir *wüßten* irgendwie, daß Sätze (weil es so sein müsse) im primären, primitiven Stadium als Feststellungen oder Behauptungen gebraucht würden, so wie die Philosophen das am ehesten verstehen; daß man einfach etwas äußert, das nichts weiter will als wahr oder falsch sein und in keiner anderen Dimension der Kritik ausgesetzt ist. Daß es so wäre, wissen wir ganz bestimmt genausowenig, wie wir zum Beispiel wissen, daß alle Äußerungen statt dessen ursprünglich aus Flüchen entstanden wären. Mit weit größerer Wahrscheinlichkeit ist die »reine« Feststellung ein Ziel, ein Ideal, welches uns die allmähliche Entwicklung der Wissenschaft gesetzt hat; wir verdanken ihr ja auch unser Präzisionsideal. Die Sprache ist als solche in ihren primitiven Stadien weder genau noch in unserem Sinne explizit. Je genauer man sich in einer Sprache ausdrücken kann, desto klarer kommt heraus, was gesagt wird – die *Bedeutung [meaning]* der Äußerung; je expliziter in unserem Sinne man sich ausdrücken kann, desto klarer kommt die *Rolle* der Äußerung heraus – »als was sie aufzufassen ist«. (Darüber unten mehr.)

Darüber hinaus ist die explizit performative Formel erst das letzte und »erfolgreichste« von zahlreichen Sprachmitteln, die schon immer mit mehr oder weniger gutem Erfolg für diese Aufgabe benutzt worden sind. (Genauso waren Standardisierung und Metrisierung die erfolgreichsten Mittel, die man je für die Verbesserung der sprachlichen *Genauigkeit* erfunden hat.) Betrachten wir für den Augenblick *einige* von diesen anderen, primitiveren Sprachmitteln und damit einige von den Rollen, welche das Sprachmittel der explizit performativen Äußerung (natürlich, wie wir sehen werden, nicht ohne Verschiebung und Verlust) übernehmen kann.

1. Der Modus

Die Benutzung des Imperativs haben wir als ein außerordentlich häufig verwendetes Sprachmittel schon erwähnt.

Die Äußerung wird damit zum »Befehl« – oder zu Aufforderung, Zugeständnis, Erlaubnis oder was weiß ich! »Mach sie zu« kann ich in vielen Kontexten sagen: »Los, mach sie zu« ähnelt der performativen Äußerung »Ich befehle dir, sie zuzumachen«. »Mach sie zu, ich würde es jedenfalls« ähnelt der performativen Äußerung »Ich rate dir, sie zuzumachen«. »Mach sie zu, wenn du willst« ähnelt der performativen Äußerung »Ich erlaube dir, sie zuzumachen«. »Na schön, mach sie zu« ähnelt der performativen Äußerung »Ich willige ein, daß du sie zumachst«. »Mach sie doch zu, du Feigling« ähnelt der performativen Äußerung »Ich fordere dich heraus, sie zuzumachen«.

Wir können auch Hilfsverben benutzen: »Du darfst sie zumachen« ähnelt der performativen Äußerung »Ich erlaube (willige ein), daß du sie zumachst«. »Du sollst sie zumachen« ähnelt der performativen Äußerung »Ich befehle (rate) dir, sie zuzumachen«.

2. Die Betonung

(Ganz ähnlich übrigens das verfeinerte Mittel der Regieanweisungen wie »drohend« und so weiter.) Beispiele:

Er geht gleich los! (Warnung)
Er geht gleich los? (Frage)
Er geht gleich los!? (Protest)

Diese Züge der gesprochenen Rede lassen sich im Schriftbild nicht leicht wiedergeben. Zum Beispiel haben wir versucht, Tonfall und Betonung in dem Protestausruf durch Ausrufezeichen und Fragezeichen zusammen wiederzugeben, und das ist dürftig. Zeichensetzung, Kursivdruck und Wortstellung richten etwas aus, sind aber sehr grobe Mittel.

3. Adverbien und adverbiale Bestimmungen

Dafür verlassen wir uns in der Schriftsprache – in gewissem Maße übrigens auch in der gesprochenen Rede, obgleich es dort nicht so nötig ist – auf Adverbien und adverbiale Bestimmungen. Die Rolle von »Ich werde« können wir etwa genauer kennzeichnen, indem wir »wahrscheinlich« oder – ganz anders – »bestimmt« hinzufügen; wir können eine Ermahnung oder sonst etwas betonen, indem wir schreiben: »Sie täten gut daran, niemals zu vergessen, daß ...«. Es bestehen hier Verbindungen zu den Fällen, wo man etwas zu verstehen gibt, zum Ausdruck bringt, andeutet, nahelegt, bekundet oder ausdrückt (widerliches Wort!), und über diese Dinge wäre viel zu sagen; unterscheiden sie sich doch sehr wesentlich, obgleich man für sie sehr oft dieselben Sprachmittel und Umschreibungen benutzen kann. Auf die wichtigen und unterschiedlichen Beziehungen zwischen ihnen werden wir in der zweiten Hälfte unserer Vorlesungen zurückkommen.

4. Konjunktionen
Auf einem möglicherweise schon höher entwickelten Stand benutzt man als besonderes Sprachmittel die Konjunktion; so können wir »dennoch« in der Rolle von »Ich bestehe darauf, daß« benutzen, »somit« in der Rolle von »Ich komme zu dem Ergebnis, daß«, »wenn auch« in der Rolle von »ich räume ein«. »Wogegen«, »hiermit« und »darüber hinaus« sind ebenfalls zu nennen[22]. Überschriften wie »Manifest«, »Vertrag«, »Bekanntmachung« und Untertitel wie »Roman« haben ganz ähnliche Aufgaben.

Lassen wir unsere Äußerungen und Ausdrucksformen nun beiseite, dann stoßen wir auf weitere wichtige Mittel, die Rolle einer Äußerung mehr oder weniger gut an den Mann zu bringen.

5. Das begleitende Verhalten des Sprechers
Wir können unsere Äußerung mit Gesten begleiten (wir zwinkern, zeigen auf etwas, zucken die Achseln, runzeln die

22. Allerdings rühren einige von diesen Beispielen die alte Streitfrage auf, ob »Ich räume ein, daß« und »Ich komme zu dem Ergebnis, daß« performativ sind oder nicht.

Stirn) oder dabei förmliche außersprachliche Handlungen vollziehen. Manchmal braucht es außer ihnen gar keine Worte. Die große Bedeutung solcher Handlungen liegt auf der Hand.

6. Die Umstände der Äußerungssituation
Eine außerordentlich wichtige Hilfe bieten die Umstände, unter denen die Äußerung getan wird. Man kann etwa sagen: »Von *ihm* habe ich das als Befehl und nicht als Bitte aufgefaßt«; äußert jemand »Eines Tages werde ich sterben« oder »Ich werde dir meine Uhr vererben«, dann macht es ganz entsprechend für unser Verständnis der Äußerung etwas aus, unter welchen Umständen sie getan wird, insbesondere wie gesund der Sprecher ist.

Gewissermaßen sprudeln diese Quellen aber zu reichlich: sie können zu Mehrdeutigkeiten und zum Verwischen von Unterschieden beitragen. Außerdem benutzen wir sie auch zu anderen Zwecken, etwa wenn wir etwas bloß andeuten wollen. Die explizit performative Äußerung schließt Mehrdeutigkeiten aus und legt einigermaßen fest, was getan wird.
Die Schwäche all dieser Mittel liegt prinzipiell darin, daß ihre Bedeutung unklar ist und sie nicht mit Sicherheit richtig ankommen; darüber hinaus sind sie aber wohl auch endgültig unzureichend, um mit der Mannigfaltigkeit unserer sprachlichen Handlungen fertigzuwerden. Ein »Imperativ« kann ein Befehl, eine Erlaubnis, eine Aufforderung, eine Bitte, ein dringendes Ersuchen, ein Vorschlag, eine Empfehlung, ja eine Warnung sein (»Geh nur, du wirst schon sehen«). Ein Konjunktiv kann eine Bedingung, ein Zugeständnis oder eine Definition ausdrücken (»Seien die x die y«). Wenn wir jemandem etwas übergeben und dazu sagen: »Nehmen Sie es«, dann können wir damit schenken, verleihen, vermieten oder anvertrauen. Wenn wir sagen »Ich werde«, dann können wir damit versprechen, unsere Absicht

ausdrücken oder unsere Zukunft voraussagen. Und so weiter. Wahrscheinlich gibt es noch andere als die oben erwähnten Mittel; und zweifellos wird es im Normalfall, ja vielleicht sogar endgültig, genügen, einige oder alle von ihnen zu kombinieren. Wenn wir etwa sagen: »Ich werde«, dann können wir durch Hinzufügen der Adverbien »zweifellos« oder »wahrscheinlich« klarmachen, daß wir eine Voraussage machen; durch Hinzufügen von »Verlaß dich drauf«, daß wir ein Versprechen geben; und durch Hinzufügen von »Ganz bestimmt« oder »Gewiß«, daß wir mindestens unsere Absicht ausdrücken (wenn nicht sogar versprechen).

Wir merken an, daß man performative Verben nicht nur mit »daß«- oder »zu«-Konstruktionen gebrauchen kann, sondern ebenso in Regieanweisungen (»begrüßt«), Überschriften (»Warnung!«) und Parenthesen (damit kann man performative Äußerungen fast ebensogut wie mit unseren Normalformen testen); und wir dürfen nicht vergessen, daß besondere Wörter, etwa »Aus!« und so weiter, im Gebrauch sind, die gar keine Normalform haben.

Daß explizit performative Äußerungen vorkommen und gebraucht werden, befreit uns allerdings nicht von all unseren Schwierigkeiten.

(1) Als Philosophen können wir sogar auf das Problem hinweisen, daß man performative Äußerungen deskriptiv oder konstativ mißverstehen kann.

(1a) Und natürlich ist es auch nicht damit getan, daß die performative Äußerung die oft so willkommene Mehrdeutigkeit der primären Äußerung nicht bewahrt; wir müssen uns zwischendurch auch um Fälle kümmern, in denen Zweifel bleiben, ob der Ausdruck explizit performativ ist oder nicht, und Fälle, die performativen Äußerungen sehr ähneln, aber keine sind.

(2) Es scheint ganz unbestreitbar Fälle zu geben, wo ein und dieselbe Wendung einmal explizit performativ, ein andermal deskriptiv aussieht und dieses Doppelgesicht vielleicht sogar ausnutzt; zum Beispiel »Ich billige es«. Die Wendung

kann die performative Rolle des Billigens spielen oder aber die deskriptive Bedeutung von »Ich finde es richtig« haben.

Wir werden uns zwei ganz typische Fallgruppen anschauen, wo das häufig vorkommt; sie machen in etwa deutlich, was zur Entwicklung der explizit performativen Wendungen alles gehört.

Es gibt im menschlichen Leben eine große Zahl von Situationen – wo zum Beispiel jemand eine bestimmte Handlung vollzogen hat –, angesichts deren es allgemein als richtig gilt, wenn man ein bestimmtes »Gefühl« (sit venia verbo) hat, etwas Bestimmtes »wünscht« oder eine bestimmte Einstellung annimmt; und zwar sind das Situationen, auf die man natürlicherweise so wie erwartet reagiert (oder wir das jedenfalls gern glauben). Natürlich hat man das fragliche Gefühl bzw. den Wunsch gewöhnlich auch; und da uns andere unsere Gefühle und Wünsche nicht so ohne weiteres anmerken, möchten wir ihnen im allgemeinen gern sagen, daß wir sie haben. Verständlich, daß es – mögen auch die Gründe sich im Einzelfall unterscheiden und vielleicht weniger schätzenswert sein – unerläßlich wird, diese Gefühle »auszudrücken«, wenn wir sie haben, und sie schließlich, wenn sie am Platz sind, sogar immer auszudrücken, gleich ob wir überhaupt etwas fühlen, worüber wir berichten könnten. Beispiele für so verwendete Ausdrücke sind etwa:

⟨Ich bitte um Entschuldigung	Es tut mir leid	Ich bereue es
Ich spreche Beileid aus	Ich fühle mit Ihnen	Ich bin sehr traurig
Ich beschwere mich	Ich nehme es übel	Ich ärgere mich darüber
Ich übergehe das	Ich übersehe das	Das entgeht mir
Ich empfehle Ihnen	Ich an Ihrer Stelle würde	Mein Urteil fällt so aus, daß
Ich erkläre mich dafür	Ich billige es	Ich finde es richtig⟩

Die erste Spalte enthält performative Äußerungen, die zweite halb deskriptive und die dritte am ehesten bloße Mitteilungen und Berichte. Hier haben wir also eine Unmenge von Ausdrücken, und zwar zum Teil sehr wichtige, die aus einer geradezu absichtlichen Zweideutigkeit Schaden oder Nutzen ziehen; und diese Zweideutigkeit wird durch die ständige Einführung von entschieden rein performativen Wendungen bekämpft.

Können wir Tests angeben, nach denen man entscheiden könnte, ob »Es tut mir leid« oder »Ich billige es« im Einzelfall (oder auch immer) auf die eine oder auf die andere Weise gebraucht werden?

Ein Test wäre, ob man sinnvoll fragen kann: »Tut er es *wirklich*?« Wenn jemand sagt »Ich begrüße Sie« oder aber »Ich begrüße Ihr Erscheinen«, dann können wir fragen »Hat er sein Erscheinen wirklich begrüßt?«, während wir nicht im gleichen Sinne fragen können: »Hat er ihn wirklich begrüßt?« Ein zweiter Test wäre, ob man es tun kann, ohne dabei etwas zu sagen; daß es einem leid tut, unterschiede sich dadurch davon, daß man um Entschuldigung bittet; daß man dankbar ist, davon, daß man dankt; daß man mißbilligt, davon, daß man tadelt[23]. Zumindest in einigen Fällen wäre als dritter Test die Frage brauchbar, ob wir vor dem fraglichen Verb ein Adverb wie »absichtlich« oder eine Wendung wie »Ich bin bereit« einsetzen können; denn wenn die Äußerung eine Handlung darstellt, dann sollten wir doch wohl gelegentlich imstande sein, sie absichtlich zu tun oder bereit zu sein, sie zu tun. Wir können etwa sagen: »Ich habe mich absichtlich beschwert«, »Ich habe mich absichtlich dafür erklärt«; und wir können auch sagen: »Ich bin bereit, um Entschuldigung zu bitten.« Wir können aber nicht sagen: »Ich habe mich absichtlich geärgert« und auch nicht: »Ich bin

23. Es gibt klassische Zweifel an der Möglichkeit stillschweigender Zustimmung. Hier tritt ein außersprachliches Verhalten an der Stelle einer performativen Handlung auf; das läßt am zweiten Test zweifeln!

dazu bereit, daß es mir leid tut« (im Gegensatz zu: »Ich bin bereit zu sagen, daß es mir leid tut«).

Ein vierter Test wäre die Frage, ob die Äußerung im eigentlichen Sinne falsch sein kann – so in manchen Fällen, wo ich sage »Es tut mir leid« – oder aber nur an Unredlichkeit (als einem unserer Unglücksfälle) leiden kann, so in manchen Fällen, wo ich sage: »Ich bitte um Entschuldigung.« Diese Wendungen verwischen den Unterschied zwischen Unehrlichkeit und Falschheit[24].

Allerdings haben wir hier im Vorübergehen noch eine Unterscheidung zu treffen, über deren Sinn ich mir nicht ganz klar bin. Wir haben auf der einen Seite die oben charakterisierte Beziehung zwischen »Ich bitte um Entschuldigung« und »Es tut mir leid«. Auf der anderen Seite steht der folgende Sachverhalt: Es gibt zahllose Ausdrücke, mit denen man konventionell Gefühle ausdrücken kann, die aber mit performativen Äußerungen bestimmt gar nichts zu tun haben. Beispiele:

»Ich habe das Vergnügen, den nächsten Sprecher aufzurufen«

»Es tut mir leid, sagen zu müssen«

»Ich bin so glücklich, Ihnen ankündigen zu können«[25]

Wir können hier von *Höflichkeitsfloskeln* reden, ganz ähnlich Floskeln wie »Ich habe die Ehre ...«. Es ist eine reine Sache der Konvention, sich so auszudrücken; aber es ist auf keinen Fall so, daß jemand, der sagt, er habe das Vergnügen, *damit* das Vergnügen hat. Leider. Auch in diesen mit Gefühlen und Einstellungen zusammenhängenden Fällen, die ich »Konduktive« [behabitives] taufe, ist ein konventioneller Ausdruck von Gefühlen oder Einstellungen nicht allein damit schon eine performative Äußerung.

24. Ähnliche Schwierigkeiten treten in anderen Fällen auf; eine, die besonders verwirrend ist, bei den performativen Äußerungen, die ich expositiv nenne.

25. Randbemerkung im Manuskript: »Hier muß noch genauer eingeteilt werden: nur im Vorübergehen anmerken.« (J. O. U.)

Und noch ein anderer Übergang von deskriptiven zu performativen Äußerungen muß hier gekennzeichnet werden: Fälle, wo man seine *Worte in die Tat umsetzt* – aus diesem Sonderfall können performative Äußerungen entstehen, aber sie sind damit noch nicht gegeben. Ein typischer Fall: »Dann hau ich eben die Tür zu!« (Haut die Tür zu.) Solche Beispiele gehen aber über in »Ich grüße dich« (grüßt ihn). »Ich grüße dich« kann dann zum Ersatz für den Gruß und damit eine rein performative Äußerung werden. Wer jetzt noch sagt: »Ich grüße dich«, grüßt damit. Vergleichen Sie hierzu auch die Wendung: »Ich grüße das Andenken unseres ...«

Nun gibt es mannigfache Übergänge davon, daß einer seine Worte in die Tat umsetzt, zur rein performativen Äußerung:

⟨»Ich trinke auf Ihr Wohl.« Wer das unter passenden Umständen sagt – und dazu gehört wesentlich, daß er dann auch trinkt –, trinkt damit auf das Wohl des Angesprochenen; er tut es nicht, wenn er nicht sagt: »Ich trinke auf Ihr Wohl« (oder etwas Gleichwertiges wie »Prost« oder »Auf Ihr Wohl«).⟩

»Schach.« Wer das unter passenden Umständen sagt, gibt Schach. Wäre es nicht immer noch Schach, auch wenn man nichts sagte?

»J'adoube.« Setzt man die Worte in die Tat um, oder gehört die Äußerung zum Zurechtrücken (und nicht Ziehen) der Figur?

Vielleicht sind diese Unterschiede nicht sehr wichtig; aber es gibt bei performativen Äußerungen ähnliche Übergänge, etwa:

»Ich zitiere.« Er zitiert.
»Ich definiere.« Er definiert (etwa: »X ist Y«).
»Ich definiere X als Y.«

In diesen Fällen spielt die Äußerung die Rolle einer Überschrift; ist das eine Art von performativen Äußerungen? Sie kommt wesentlich da vor, wo die Tat, in welche man die Worte umsetzt, selbst eine Äußerung ist.

Siebente Vorlesung

Beim letztenmal haben wir die explizit performative der primär performativen Äußerung gegenübergestellt und behauptet, daß erstere sich aus letzterer mit dem Fortschritt von Sprache und Gesellschaft entwickele. Wir haben jedoch gesagt, daß damit noch nicht alle Hindernisse auf unserer Suche nach einer Liste von explizit performativen Verben aus dem Wege geräumt sind. Mit Hilfe einiger Beispiele haben wir die Entwicklung der explizit performativen aus der primär performativen Äußerung veranschaulicht.
Dann haben wir Beispiele aus einer Gruppe untersucht, die man *Konduktive* nennen kann; bei diesen performativen Äußerungen geht es um die Reaktion auf Verhaltensweisen und um Verhaltensweisen anderen gegenüber, und ihr Sinn ist, Einstellungen und Gefühle auszudrücken. Vergleichen Sie:

Explizit performativ	*Nicht rein (halb deskriptiv)*	*Deskriptiv*
⟨Ich bitte um Entschuldigung	Ich bereue es	Es tut mir leid
Ich beschwere mich	Ich ärgere mich darüber	Ich nehme es übel
Ich übergehe das	Ich übersehe das	Das entgeht mir
Ich erkläre mich dafür	Ich billige es	Ich finde es richtig⟩

Wir haben Tests zur Ermittlung der rein explizit performativen Äußerungen vorgeschlagen:
(1) Ist es sinnvoll (bzw. bleibt der Sinn gleich), wenn man fragt: »Hat er es denn *wirklich* getan?« Wir können nicht in dem Sinne fragen »Hat er ihn wirklich begrüßt?«, wie wir fragen können »Hat er sein Erscheinen wirklich begrüßt?« Und wir können nicht in demselben Sinne fragen »Hat er ihn wirklich getadelt?«, wie wir fragen können »Hat er sein

Verhalten wirklich mißbilligt?« Dieser Test ist nicht sehr zuverlässig, unter anderem wegen der Möglichkeit von Unglücksfällen. Wenn er »Ja« gesagt hat, können wir trotzdem fragen »Hat er wirklich geheiratet?«, etwa weil Unglücksfälle vorliegen, die die Sache problematisch machen.

(2) Hätte er die Handlung vollziehen können, ohne die performative Äußerung zu tun?

(3) Könnte er es absichtlich tun? Könnte er bereit sein, es zu tun?

(4) Könnte es im strengen Sinne falsch sein, daß ich ihn etwa tadele (im Unterschied zu: sein Verhalten mißbillige), wenn ich gesagt habe, daß ich ihn tadele? (Selbstverständlich kann ich immer *unehrlich* sein.) °

Schließlich haben wir unsere performativen Äußerungen unterschieden:

(1) Von rein förmlich-konventionellen Höflichkeitsfloskeln wie »Ich habe das Vergnügen, zu ...«. Der Unterschied ist beträchtlich; denn obgleich sie ebenfalls bloß förmlich sind und ihren Zweck erfüllen, ohne ehrlich gemeint sein zu müssen, sind sie auf Grund all der vier Tests nicht performativ. Sie scheinen eine begrenzte Gruppe zu bilden; möglicherweise handelt es sich ausschließlich um Ausdrücke, mit deren Hilfe man Gefühle bezeugt, vielleicht sogar weiter eingeschränkt auf Fälle, in denen es um Gefühle beim Sprechen oder Zuhören geht.

(2) Von Fällen, in denen man seine Worte in die Tat um setzt. Ein typisches Beispiel ist der Vortragende, der sagt: »Damit beende ich meinen Vortrag.« Diese Wendungen haben dann eine besonders ausgeprägte Tendenz, in rein performative Äußerungen überzugehen, wenn die Tat, in welche man seine Worte umsetzt, selbst eine rein konventionale Handlung ist, etwa die außersprachliche Handlung, sich zu verbeugen (»Ich grüße Sie«), oder das sprachliche Ritual, »Bravo!« zu sagen (»Ich zolle Ihnen Beifall«).

In einer zweiten sehr wichtigen Klasse von Wörtern grassiert das schillernde Hin und Her zwischen deskriptiver und performativer Äußerung ebenso schlimm wie bei den Konduktiven, und zwar bei den *expositiven* (oder auch expositionalen) [expositive or expositional] performativen Äußerungen, wie ich sie nenne. In diesen Fällen hat der Hauptteil der Äußerung im allgemeinen ganz das Aussehen einer »Feststellung«; aber ein explizit performatives Verb am Anfang zeigt, wie die »Feststellung« in den Zusammenhang des Gesprächs, der Unterhaltung, des Dialogs, allgemeiner: der Darlegung, einzubauen ist. Ein paar Beispiele:

»Ich behaupte (betone), daß der Mond keine Rückseite hat.«

»Ich komme zu dem Ergebnis (schließe aus alledem), daß der Mond keine Rückseite hat.«

»Ich bezeuge, daß der Mond keine Rückseite hat.«

»Ich gebe zu (räume ein), daß der Mond keine Rückseite hat.«

»Ich prophezeie (sage voraus), daß der Mond keine Rückseite hat.«

Damit, daß man so etwas sagt, behauptet man, bezeugt man, prophezeit man, kommt man zu dem Ergebnis, gibt man zu, sagt man voraus und so weiter.

Anscheinend kann man viele von diesen Verben ohne Schwierigkeiten als rein performativ ansehen. (Natürlich ist das ziemlich lästig; schließlich sind sie ja mit Wendungen verknüpft, die wie »Feststellungen« aussehen und wahr oder falsch sein müßten. Wir haben das schon früher bemerkt und werden auch wieder darauf zurückkommen.) Wenn ich zum Beispiel sage: »Ich prophezeie, daß ...«, »Ich räume ein, daß ...«, »Ich setze als gültig voraus, daß ...«, dann wird, was folgt, gewöhnlich wie eine Feststellung aussehen, während die Verben selbst rein performativ aussehen.

Nehmen wir unsere vier Tests, die wir für die konduktiven Äußerungen benutzt haben: Wenn er sagt ⟨»Ich räume ein, daß ...«⟩, dann

(1) können wir nicht fragen: »Hat er es *wirklich* eingeräumt?«

(2) kann er nichts einräumen, ohne es zu sagen;
(3) könnte er sagen »Ich habe es absichtlich eingeräumt« oder »Ich bin bereit, einzuräumen«;
(4) kann es nicht im strengen Sinne falsch sein, wenn er sagt »Ich räume ein« (außer in dem von uns schon angemerkten Sinne »Auf S. 265 räume ich ein«).

In all diesen Punkten gleicht »Ich räume ein« den Äußerungen »Ich bitte um Entschuldigung« und »Ich tadele ihn wegen . . .«. Selbstverständlich können die Äußerungen verunglücken – er kann eine Voraussage machen, ohne dazu in der Lage zu sein, oder er kann sagen »Ich bekenne, daß du es getan hast«, oder er kann unredlich sein und sagen »Ich bekenne, daß ich die Tat begangen habe«, obgleich er es gar nicht gewesen ist.

Nun gibt es zahlreiche Verben, die ganz ähnlich aussehen und dem Anschein nach in dieselbe Gruppe gehören, die aber unsere Tests *nicht* so zufriedenstellend überstehen würden, etwa ⟨»Ich lasse gelten« im Unterschied zu »Ich räume ein«⟩. Warum soll ich nicht sagen »Ich habe gelten lassen, daß«, auch ohne daß ich bemerkt hätte, daß ich es habe gelten lassen, und auch ohne daß ich das zum Ausdruck gebracht hätte? Ich kann nämlich Behauptungen gelten lassen, ohne es zu bemerken oder zu sagen, und zwar in dem wichtigen deskriptiven Sinn des Ausdrucks. Gewiß kann auch die Rolle der rein explizit performativen Äußerungen »Ich behaupte« und »Ich bestreite« gelegentlich durch ein Behaupten oder Bestreiten übernommen werden, das auf Worte verzichtet: ich kann nicken oder den Kopf schütteln oder *implizit* dadurch etwas behaupten oder bestreiten, daß ich etwas anderes sage. Diese Punkte sind für uns hier nicht von Bedeutung; es geht um etwas anderes: »Ich habe gelten lassen, daß« kann ich zutreffend sagen, ohne irgend etwas irgendwie gesagt zu haben, auch nicht implizit mit irgendeiner anderen Äußerung; sondern ich habe es gelten lassen, indem ich einfach still in meiner Ecke gesessen habe, so, wie ich nicht einfach hätte stillsitzen können, wenn ich es bestritten hätte.

Anders ausgedrückt: ⟨»Ich lasse gelten, daß« und vielleicht auch »Ich lasse offen, ob«⟩ lassen sich so mehrdeutig verwenden wie »Es tut mir leid«; dieser Ausdruck ist manchmal gleichbedeutend mit »Ich bitte um Entschuldigung«, manchmal beschreibt er meine Gefühle, manchmal tut er beides zugleich. Genauso ist »Ich lasse gelten« manchmal gleichbedeutend mit »Ich räume ein«, manchmal nicht.

Ein zweites Beispiel: »Ich bin einverstanden« fungiert manchmal wie »Ich genehmige«; bisweilen dagegen wie »Ich finde das richtig« und beschreibt dann mindestens teilweise meine Einstellung, Haltung oder Überzeugung. Auch hier können winzige Änderungen im Ausdruck etwas ausmachen, etwa der Unterschied zwischen »Ich bin damit einverstanden« und »Ich bin mit Ihnen einverstanden«; aber der Test ist nicht hieb- und stichfest.

Wir finden also bei den expositiven Äußerungen ganz generell dieselbe Erscheinung wie bei den konduktiven. Wie wir »Ich räume ein, daß« (»Ich gebe zu, daß«) als rein explizit performative Äußerung haben, was »Ich lasse gelten, daß« nicht ist, so finden wir:

> »Ich sage voraus, daß« als eine rein explizit performative Äußerung gegenüber »Ich sehe voraus« (»Ich erwarte«);
>
> »Ich pflichte dieser Meinung bei (stimme ihr zu)« als rein explizit performative Äußerung gegenüber »Ich teile diese Meinung«;
>
> »Ich stelle das in Frage« (»Ich ziehe das in Zweifel«) als rein explizit performative Äußerung gegenüber »Ich frage mich, ob (bezweifle, daß; zweifle, ob) das so ist«.

»Voraussagen«, »beipflichten«, »in Frage stellen« und so weiter bestehen all unsere Tests für explizit performative Äußerungen, wogegen die anderen das nicht (jedenfalls nicht immer) tun.

Eine Zwischenbemerkung: Wir können nicht immer eine explizit performative Äußerung benutzen, um einer bestimmten Äußerung ihren besonderen Platz im Zusammenhang anzuweisen. Zum Beispiel können wir nicht sagen: »Ich gebe implizit zu verstehen, daß...«, »Ich bringe indirekt zum Ausdruck, daß...«, »Ich deute versteckt an, daß...« und so weiter.

Konduktive und expositive Äußerung sind zwei Gruppen, in denen diese Erscheinung sehr unangenehm auftritt; sie findet sich aber auch bei anderen, zum Beispiel bei denen, die ich *verdiktive* Äußerungen nenne. Verdiktive Äußerungen sind zum Beispiel: »Ich urteile, daß...«, »Ich entscheide, daß...«, »Ich schätze es auf...«, »Ich datiere es auf...«. Wenn man etwa als Richter sagt »Ich urteile, daß...«, dann urteilt man damit, daß man sagt, man urteile; bei weniger amtlichen Personen ist das nicht so eindeutig – möglicherweise beschreiben sie bloß, was sie meinen. Diese Schwierigkeit kann man auf die übliche Weise beheben, indem man spezielle Wörter erfindet, etwa: »Entscheidung«, »Urteil«, »Ich erkenne *auf*«, »Ich verkünde das Urteil«. Andernfalls hängt der performative Charakter der Äußerung immer noch von ihrer Umgebung ab, etwa daß der Richter eben ein Richter und in der Robe auf seinem Platz im Gerichtssaal ist und so weiter.

Ähnlich ist der Fall gelagert, wenn ich sage: »Die Xs lasse ich unter die Ys fallen.« Wir haben gesehen, daß die Äußerung auf zweierlei Weise verwendet werden kann: rein explizit performativ oder als Beschreibung meiner Gewohnheit, so einzuteilen. Wir können bisweilen sagen: »Er läßt die Xs in Wahrheit nicht unter die Ys fallen«; oder: »er läßt die Xs tatsächlich unter die Ys fallen«; und er kann sie darunter fallen lassen, ohne etwas zu sagen. Wir haben diesen Fall von jenen zu unterscheiden, in denen schon der Vollzug der Einzelhandlung uns festlegt: »Ich definiere X als Y« stellt zum Beispiel nicht fest, daß er das gewöhnlich tut, sondern legt ihn darauf fest, nunmehr den Ausdruck regelmäßig gleichbedeutend mit dem anderen zu verwenden. Es ist lehrreich, in diesem Zusammenhang »Ich habe vor« mit »Ich verspreche« zu vergleichen.

So viel zu der Frage, ob ein Verb, das man für explizit performativ halten möchte, nicht bisweilen, immer oder teilweise in einer richtigen oder falschen Beschreibung von Gefühlen, Haltungen, Meinungen und so weiter fungiert. Das bringt uns nun wieder auf die allgemeinere Erscheinung, die wir schon bemerkt haben, daß nämlich die ganze Äußerung trotz ihren performativen Zügen unbedingt wahr oder falsch gemeint zu sein scheint. Schauen wir als Zwischenstationen »Ich meine, daß« (als Äußerung eines Nicht-Offiziellen) oder »Ich erwarte, daß« an: schon hier ist die Annahme völlig abwegig, was die Äußerungen beschreiben oder feststellen (soweit sie das tun), seien einfach Meinungen oder Erwartungen des Sprechers. Diese Vorstellung deckt sich so ziemlich mit jener Übergenauigkeit, die in »Alice im Wunderland« die Äußerung »Ich denke, so ist es« als Feststellung über einen selbst auffassen will, auf die man antworten könnte: »Das sagt bloß etwas über dich.« (»Ich denke nicht, . . .« fing Alice an; »dann rede auch nicht«, sagte die Raupe oder wer es gerade war.) Wenn wir dann zu rein explizit performativen Verben wie »feststellen« oder »behaupten« kommen, ist die Sache insgesamt sicherlich wahr oder falsch, obgleich man mit der Äußerung die Handlungen des Feststellens oder Behauptens vollzieht. Und mehrfach haben wir darauf hingewiesen, daß einige Äußerungen, die ganz klar in klassischer Weise performativ sind, »Aus!« zum Beispiel, sehr eng mit dem Beschreiben von Tatsachen zu tun haben, mögen auch andere, »Los!« zum Beispiel, nicht in dieser Lage sein.

Nun ist das nicht so schlimm; wir könnten unterscheiden zwischen dem performativen Eröffnungsteil (»Ich stelle fest, daß«), der klarmacht, wie die Äußerung aufzufassen ist, daß sie also eine Feststellung und keine Voraussage oder dergleichen ist, und dem Stück im daß-Satz, das wahr oder falsch sein muß. Es gibt jedoch, so wie unsere Sprache gegenwärtig aussieht, viele Beispiele, die wir nicht auf diese Weise in zwei Teile spalten können, obgleich in der Äußerung so etwas wie eine explizit performative Äußerung zu stecken scheint; etwa »Ich vergleiche x mit y« oder »Ich bestimme x als y«. Eine gedrängte Wendung, die mindestens quasi-performativ ist, genügt uns in diesen Fällen, beides zu tun: zu vergleichen und außerdem zu behaupten, daß eine Ähnlichkeit bestehe; und zu bestimmen sowie zu behaupten, daß die relevanten Merkmale für y bei x vorliegen. Um uns etwas anzutreiben, können wir auch »Ich weiß, daß«, »Ich glaube, daß« und so weiter nennen. Wie komplex sind diese Äußerungen? Wir können nicht annehmen, daß sie rein deskriptiv wären.

Überlegen wir nun einen Augenblick, wie weit wir sind. Unser Ausgangspunkt war, daß wir einen Gegensatz zwischen performativen und konstativen Äußerungen vermutet haben. Wir haben aber hinreichende Anzeichen dafür gefunden, daß Äußerungen beider Typen, nicht nur die performativen, verunglücken können; weiter, daß auch die performativen Äußerungen nicht nur glücken müssen, sondern der Forderung unterliegen, den Tatsachen zu entsprechen oder doch in einer je nach Fall verschiedenen Beziehung zu den Tatsachen zu stehen, ganz wie das für allem Anschein nach konstative Äußerungen typisch ist.

Es ist uns nun nicht gelungen, für die performativen Äußerungen ein grammatikalisches Kriterium zu finden. Wir meinten aber fordern zu können, daß jede performative Äußerung prinzipiell auf die Form einer explizit performativen Äußerung gebracht werden können müsse und daß wir dann eine Liste von performativen Verben anlegen könnten. Wir haben nun aber feststellen müssen, daß man oft auch dann, wenn eine Äußerung anscheinend in der expliziten Form dasteht, gar nicht unbedingt sicher sein kann, ob sie performativ ist oder nicht. Und jedenfalls haben wir eine ganze Klasse von Äußerungen, nämlich solche, die mit »Ich stelle fest, daß« anfangen, die den Bedingungen für performative Äußerungen zu genügen scheinen; aber ohne Zweifel trifft man mit ihnen Feststellungen; und ganz bestimmt sind sie ganz und gar wahr oder falsch.

Es ist also an der Zeit, die Frage ganz neu anzugehen. Wir wollen allgemeiner untersuchen, in wie verschiedener Weise etwas Sagen etwas Tun bedeuten kann; in wie verschiedener Weise wir etwas tun, indem wir etwas sagen. (Und vielleicht wollen wir auch den ganz anderen Fall untersuchen, wo wir etwas tun, *dadurch daß* wir etwas sagen.) Wir brauchen vielleicht nur ein bißchen zu klären und zu definieren, um aus unserer Verstrickung herauszukommen. »Etwas tun« ist schließlich ein sehr vager Ausdruck. »Tun« wir nicht »etwas«, wenn wir eine ganz beliebige Äußerung tun? Unsere Art und Weise, von »Taten« zu reden, kann uns hier wie anderweitig durcheinanderbringen; das steht fest. Zum Beispiel können wir den Mann, der Worte macht, dem Mann der Tat gegenüberstellen, können sagen, daß er nichts *getan*, sondern nur *geredet* habe; und dann können wir jemanden, der etwas *nur* denkt, mit einem vergleichen, der es *wirklich* sagt (laut ausspricht): hier bedeutet Sprechen Handeln.
Es ist also an der Zeit, daß wir genauer untersuchen, was dazu gehört, daß einer »eine Äußerung[25a] tut«[26]. Zunächst tut jemand, der etwas sagt, einige zusammengehörige Dinge, die ich unter (A) zusammenfasse; insgesamt ergeben sie das, was »etwas sagen« im vollen Sinne ausmacht. Ohne auf Einzelheiten der Formulierung zu achten, können wir sagen: Wer etwas sagt, muß

(A.a) die Handlung, gewisse Geräusche zu äußern, (einen »phonetischen [phonetic] Akt«) vollziehen; insoweit heiße das, was er äußert, »Phon« [phone];

25a. »Äußerung« benutze ich nur für *utteratum*: für *utteratio* benutze ich »eine Äußerung tun«.
26. Ohne dauernd daran zu erinnern, müssen wir doch immer im Auge behalten, daß eine »Auszehrungs«erscheinung auftreten kann, so wie beim Gebrauch der Rede zum Schauspielen, in Poesie und (dichterischer) Prosa, beim Zitieren und Rezitieren.

(A.b) die Handlung vollziehen, gewisse Vokabeln, also Wörter, zu äußern, d. h. Geräusche von bestimmter Gestalt, die zu einem bestimmten Vokabular gehören, und zwar *als* Geräusche, die zu diesem Vokabular gehören; er muß sie in einer bestimmten Konstruktion äußern, die zu einer bestimmten Grammatik gehört, und zwar *als* Konstruktion, die zu dieser Grammatik gehört; er muß sie mit einer bestimmten Intonation äußern und so weiter. Insoweit soll die Handlung »phatischer [phatic] Akt« heißen und das, was er äußert, »Phem« [pheme] (im Unterschied zum Phemem in der Linguistik);
(A.c) im allgemeinen die Handlung vollziehen, das Phem oder seine Bestandteile so zu benutzen, daß mehr oder weniger genau etwas festliegt, wovon die Rede ist [reference], und mehr oder weniger genau etwas festliegt, was darüber gesagt wird [sense]. (Liegt beides fest, so liegt die »Bedeutung« [meaning] fest.) Insoweit soll die Handlung »rhetischer [rhetic] Akt« heißen und das, was er äußert, »Rhem« [rheme].

Achte Vorlesung

Wir hatten uns daran gemacht, eine Liste von explizit performativen Verben zu finden, mußten aber feststellen, daß es nicht immer leicht ist, performative Äußerungen von konstativen zu unterscheiden. So bot sich der Ausweg an, zunächst einmal auf grundlegende Fragen einzugehen und ganz grundsätzlich zu überlegen, was es alles bedeuten kann, daß etwas Sagen etwas Tun heißt; daß man etwas tut, *indem* man etwas sagt; ja daß man *dadurch, daß* man etwas sagt, etwas tut. Zu Beginn haben wir ein paar zusammengehörige Bedeutungen von »etwas tun« gekennzeichnet, die alle in der selbstverständlichen Feststellung enthalten sind, wer (im vollen Sinn des Wortes) etwas sage, tue etwas. Er äußert gewisse Geräusche, äußert gewisse Wörter in einer gewissen Konstruktion, und er äußert sie mit einer gewissen »Bedeutung« im üblichen philosophischen Sinne dieses Wortes, d. h., es ist von etwas die Rede und darüber wird etwas gesagt.

Diese gesamte Handlung, »etwas zu sagen«, nenne – d. h. taufe – ich den Vollzug eines lokutionären [locutionary] Aktes und die Untersuchung von Äußerungen unter diesen Gesichtspunkten die Untersuchung der Lokutionen [locutions], d. h. der vollständigen Einheiten der Rede. Freilich interessieren wir uns für den lokutionären Akt hauptsächlich deshalb, weil wir durch seine Klärung andere Akte, um die wir uns vor allem bemühen werden, von ihm unterscheiden wollen. Ich möchte bloß bemerken, daß natürlich eine große Menge von zusätzlichen Präzisierungen nötig und möglich wären, wenn wir den lokutionären Akt aus Interesse an ihm selbst untersuchen wollten; diese Präzisierungen wären nicht nur für Philosophen wichtig, sondern zum Beispiel auch für Grammatiker und Phonetiker.

Wir haben grob zwischen dem phonetischen, dem phatischen und dem rhetischen Akt unterschieden. Der phonetische Akt besteht einfach im Äußern gewisser Geräusche. Der phatische Akt besteht im Äußern gewisser Vokabeln, also Wörter, d. h. Geräusche bestimmter Gestalt, die zu einem bestimmten Vokabular gehören und einer gewissen Grammatik folgen (und zwar *als* dem Vokabular zugehörig und *als* der Grammatik entsprechend). Der rhetische Akt besteht darin, daß man diese Vokabeln dazu benutzt, über etwas mehr oder weniger genau Festgelegtes zu reden und darüber etwas mehr oder weniger genau Bestimmtes zu sagen. »Er sagte: ›Die Katze ist auf der Matte‹« ist zum Beispiel ein Bericht über einen phatischen Akt, wogegen »Er sagte, die Katze sei auf der Matte« über einen rhetischen Akt berichtet. Ähnlich ist der Unterschied, den die folgenden Paare veranschaulichen:

»Er sagte: ›Die Katze ist auf der Matte‹«; »Er sagte, die Katze sei auf der Matte«;

»Er sagte: ›Ich werde da sein‹«; »Er sagte, er werde da sein«;

»Er sagte: ›Geh raus‹«; »Er befahl mir, hinauszugehen«;

»Er sagte: ›Ist es in Oxford oder in Cambridge?‹«; »Er fragte, ob es in Oxford oder in Cambridge sei«.

Diese Sache ist an sich ganz interessant, und obwohl sie uns nicht direkt angeht, möchte ich deshalb auf ein paar bemerkenswerte Dinge hinweisen:

(1) Um einen phatischen Akt zu vollziehen, muß ich offensichtlich einen phonetischen vollziehen, oder wenn Sie so wollen: ich vollziehe den einen, indem ich den anderen vollziehe. (Phatische Akte bilden allerdings nicht etwa eine Unterklasse der phonetischen; d. h. sie gehören nicht zu letzteren.) Die Umkehrung stimmt nicht; denn auch wenn ein Affe ein Geräusch macht, das sich von »Los« nicht unterscheiden läßt, ist das doch kein phatischer Akt.

(2) Es ist gar nicht zu übersehen, daß wir in der Definition des phatischen Aktes zweierlei zusammengewürfelt haben: Vokabular und Grammatik. Wir haben also keine unter-

schiedlichen Namen für den, der äußert »Er triptycht das Grammatikkreuz«, und für den, der äußert »Ich bin der große Derdiedas«. Als Drittes gehört neben Grammatik und Vokabular noch die Intonation dazu.

(3) Wie der phonetische Akt, so kann auch der phatische grundsätzlich nachgemacht werden, einschließlich Intonation, Zwinkern, Gesten und so weiter. Man braucht nicht bloß die angeführte Feststellung »Sie hat hübsches Haar« zu wiederholen, sondern kann auch wiederholen, daß der Sprecher bei einem Wort mit den Schultern gezuckt hat: »Sie hat hübsches *Haar*.«

Das ist die Verwendung von »sagte« mit Anführungszeichen, wie sie aus Romanen vertraut ist: man kann jede Äußerung einfach mit Anführungszeichen wiederholen, oder mit Anführungszeichen und gefolgt von »sagte er«, öfter noch »sagte sie«.

Berichten wir über Behauptungen dagegen so: »Er hat gesagt, die Katze sei auf der Matte«, »Er hat gesagt, er werde gehen«, »Er hat gesagt, ich solle gehen« (seine Worte waren: »Sie gehen«), dann berichten wir über den rhetischen Akt. Das ist die sogenannte »indirekte Rede«. Wenn *nicht* hinreichend klar ist, was worüber gesagt worden ist, muß die Äußerung mindestens teilweise in Anführungszeichen kommen. Ich könnte zum Beispiel sagen: »Er hat gesagt, daß ich zum ›Minister‹ gehen solle, aber nicht zu welchem«; oder: »Ich habe gesagt, daß er sich schlecht benehme, und er hat geantwortet: ›Je höher man steigt, desto weniger‹.« Allerdings werden wir »hat gesagt, daß« nicht immer ohne weiteres benutzen. Hat er als Modus den Imperativ benutzt, dann sagen wir eher: »hat befohlen«, »hat geraten«, oder wir benutzen Wendungen wie »hat gesagt, ich solle« und so weiter. Hierher gehören Ausdrücke wie »Er hat mich willkommen geheißen« und »Er hat um Verzeihung gebeten«.

Eine weitere Bemerkung zum rhetischen Akt: Über etwas Sprechen und etwas darüber Sagen sind natürlich untergeordnete Handlungen im Vollzug des rhetischen Aktes. So können wir sagen: »Mit ›Bank‹ habe ich ... gemeint« und »Mit ›er‹ habe ich über ... gesprochen«. Können wir einen rhetischen Akt vollziehen, ohne über etwas zu sprechen, ohne es zu nennen? Im allgemeinen sollte die Antwort Nein sein; aber es gibt komische Fälle. Worüber spricht »Alle Dreiecke haben drei Seiten«? Entsprechend ⟨dem Verhältnis von phonetischem und phatischem Akt⟩ können wir offenbar phatische Akte vollziehen, die keine rhetischen Akte sind, aber nicht umgekehrt; zum Beispiel können wir jemand anderes Bemerkung wiederholen oder einen Satz so dahermurmeln, oder wir können einen lateinischen Satz lesen, ohne die Bedeutung der Wörter zu kennen.

Zwei Fragen sind für uns nicht sehr wichtig: Wann ein Phem und wann ein Rhem *dasselbe* wie ein anderes sind (ob als Typ oder als Vorkommnis), und wie groß ein einzelnes Phem oder Rhem ist. Freilich muß man im Kopf behalten, daß dasselbe Phem (d. h. Satz, d. h. Vorkommnisse desselben Typs) bei Gelegenheit verschiedener Äußerungen über Unterschiedliches sprechen und Unterschiedliches darüber sagen kann, also ein anderes Rhem sein kann. Wo unterschiedliche Pheme dazu benutzt werden, über dasselbe zu sprechen und dasselbe darüber zu sagen, können wir von rhetisch äquivalenten Akten sprechen (das kann man mit »dieselbe Feststellung« meinen), nicht aber vom selben Rhem oder demselben rhetischen Akt (das würde »dieselbe Feststellung« in einem Sinne bedeuten, der den gleichen Wortausdruck verlangt).

Das Phem ist eine Einheit der *Sprache* (langue); sein typischer Fehler ist, sinnlos zu sein. Das Rhem dagegen ist eine Einheit der *Rede* (parole); sein typischer Fehler ist, vage, leer, unklar und so weiter zu sein.

Aber so interessant das alles ist – bisher wirft es auch nicht das kleinste bißchen Licht auf unser Problem, wie der Gegensatz zwischen performativer und konstativer Äußerung aussieht. Man kann zum Beispiel durchaus eindeutig klarmachen, »was wir gesagt haben«, indem wir eine Äußerung

– etwa »Er geht gleich los« – getan haben, und zwar klar in all den Hinsichten, die wir herausgearbeitet haben; trotzdem muß absolut nicht klar sein, ob ich damit, daß ich die Äußerung getan habe, die Handlung des *Warnens* vollzogen habe oder nicht. Es kann völlig klar sein, was ich mit »Er geht gleich los« oder »Mach die Tür zu« meine, ohne daß darum klar wäre, ob ich es als Feststellung oder als Warnung und so weiter meine.

Einen lokutionären Akt vollziehen heißt im allgemeinen auch und eo ipso einen *illokutionären [illocutionary]* Akt vollziehen, wie ich ihn nennen möchte. So werden wir im Vollzug eines lokutionären Aktes auch einen Akt vollziehen wie etwa:

eine Frage stellen oder beantworten;
informieren, eine Versicherung abgeben, warnen;
eine Entscheidung verkünden, eine Absicht erklären;
ein Urteil fällen;
berufen, appellieren, beurteilen;
identifizieren oder beschreiben;

und zahlreiche derartige Dinge. (Ich will auf keinen Fall sagen, das sei eine klar definierte Klasse!) Am »eo ipso« ist dabei nichts Geheimnisvolles. Problematisch ist vielmehr die Vieldeutigkeit der so ungemein vagen Wendung »wie wir den Ausdruck benutzen«[26a] – das kann auch den lokutionären Akt betreffen, und darüber hinaus die perlokutionären Akte, zu denen wir gleich kommen. Wenn wir einen lokutionären Akt vollziehen, gebrauchen wir die Sprache; aber was genau soll es heißen, daß wir sie bei dieser Gelegenheit gebrauchen? Denn die Sprache hat sehr viele Funktionen, d. h., wir gebrauchen sie auf mancherlei Weise; und für unseren Sprechakt im Sinne (B)[27] macht es sehr viel aus, wie und in welchem Sinne wir sie bei der Gelegenheit »ge-

26a. Der letzte Satz vor der Beispielsreihe lautete in der 1. Auflage: »Um den vollzogenen illokutionären Akt zu bestimmen, müssen wir wissen, wie die Lokution benutzt wird:« (v. S.).
27. Siehe S. 119.

braucht« haben. Es macht einen großen Unterschied, ob wir einen Rat gegeben, bloß einen Vorschlag gemacht oder vielmehr gar befohlen haben, ob wir ein richtiges Versprechen gegeben oder bloß eine unbestimmte Absicht angekündigt haben und so weiter. Diese Fragen haben ein wenig mit Grammatik zu tun, und das kann recht verwirrend sein (siehe oben); und wir streiten uns ständig über sie, etwa wenn wir fragen, ob eine bestimmte Äußerung *die Rolle* einer Frage hatte, ob sie als Beurteilung *aufzufassen war*, wie man sie *zu nehmen hatte* und so weiter.

Den Vollzug einer Handlung in diesem neuen, zweiten Sinne habe ich den Vollzug eines »illokutionären« Aktes genannt, d. h. einen Akt, den man vollzieht, *indem* man etwas sagt[28], im Unterschied zu dem Akt, *daß* man etwas sagt; der vollzogene Akt soll »Illokution« heißen, und die Theorie der verschiedenen Funktionen, die die Sprache unter diesem Aspekt haben kann, nenne ich die Theorie der »illokutionären Rollen« [illocutionary forces].

Man kann wohl sagen, daß die Philosophen diese Untersuchung viel zu lange vernachlässigt haben; haben sie doch die Probleme alle als Probleme des »Sprachgebrauchs« behandelt. Und der »deskriptive Fehlschluß«, von dem ich in der ersten Vorlesung gesprochen habe, entsteht ja gewöhnlich dadurch, daß man ein Problem der ersten Sorte irrtümlich als eines der zweiten Sorte aufgefaßt hat. Zwar arbeiten wir uns da langsam heraus; seit einigen Jahren wird uns immer klarer, daß es für die Äußerung wesentlich ist, bei welcher Gelegenheit sie getan wird, und daß man die benutzten Worte bis zu einem gewissen Grade durch den »Zusammenhang« zu »erklären« hat, in den sie im Sprachver-

28. Angesichts der deutschsprachigen Diskussion besteht Anlaß, an dieser Stelle zu betonen, daß »il« in »illokutionär« *nicht* die aus »illegitim«, »irreversibel« und so weiter bekannte Negationspartikel ist. Illokutionäre Akte als etwas Nicht-sprachliches zu deuten, ist grober Unfug, der sich auch mit flüchtiger Lektüre von Sekundärliteratur nicht entschuldigen läßt. (v. S.)

kehr gehören und in dem sie vorkommen. Aber wir neigen doch wohl immer noch zu sehr dazu, mit solchen Erläuterungen »Wortbedeutungen« erläutern zu wollen. Zugegeben – wir können »Bedeutung« auch für die illokutionäre Rolle sagen – »Die Äußerung bedeutete eine Warnung«; ⟨und man kann nicht nur *mit der* Äußerung *etwas* meinen, sondern auch *die* Äußerung *als etwas* (als Befehl und dergleichen) meinen.⟩ Aber ich möchte gerade unterscheiden zwischen der *Rolle* der Äußerung und ihrer *Bedeutung* (im Sinne dessen, worüber sie spricht und was sie darüber sagt). Genauso hat es sich ja als wesentlich erwiesen, zwischen dem, worüber sie spricht, und dem, was sie darüber sagt, zu unterscheiden.

Darüber hinaus zeigt sich hier, daß man den Ausdruck »Gebrauch der Sprache« oder »Gebrauch eines Satzes« verschieden gebrauchen kann; »Gebrauch« ist ganz hoffnungslos mehrdeutig oder allgemein, ganz wie auch das Wort »Bedeutung«, über das man sich jetzt gern lustig macht. »Gebrauch«, der Nachfolger, ist da nicht viel besser dran. Wir können für eine bestimmte Gelegenheit den »Gebrauch eines Satzes« im Sinne des lokutionären Aktes vollständig klären, ohne seinen Gebrauch im Sinne des *illokutionären* Aktes auch nur zu streifen.

Bevor wir diesen Begriff des illokutionären Aktes weiter präzisieren, wollen wir den lokutionären und den illokutionären Akt noch einer dritten Sorte gegenüberstellen.

Wer einen lokutionären und damit einen illokutionären Akt vollzieht, kann in einem dritten Sinne (C) auch noch eine weitere Handlung vollziehen. Wenn etwas gesagt wird, dann wird das oft, ja gewöhnlich, gewisse Wirkungen auf die Gefühle, Gedanken oder Handlungen des oder der Hörer, des Sprechers oder anderer Personen haben; und die Äußerung kann mit dem Plan, in der Absicht, zu dem Zweck getan worden sein, die Wirkungen hervorzubringen. Wenn wir das im Auge haben, dann können wir den Sprecher als Täter einer Handlung bezeichnen, in deren Namen der lokutionäre und der illokutionäre Akt nur indirekt (C.a) oder überhaupt nicht (C.b) vorkommen. Das Vollziehen einer solchen Handlung wollen wir das Vollziehen eines *perlokutionären [perlocutionary]* Aktes nennen und den vollzogenen Akt, wo das paßt – im wesentlichen in den Fällen unter (C.a) –, »Perlokution«. Diesen Gedanken wollen wir einstweilen noch nicht präzisieren – er hat es nötig –, sondern einfach Beispiele geben:

Erstes Beispiel:
Akt (A), Lokution
  Er hat zu mir gesagt: »Schieß sie nieder!« und meinte mit »schieß« wirklich schießen und mit »sie« wirklich sie.
Akt (B), Illokution
  Er hat mich gedrängt (hat mir geraten, hat mir befohlen), sie zu erschießen.
Akt (C), Perlokution
  (C.a) Er hat mich überredet, sie zu erschießen.
  (C.b) Er hat mich dazu gebracht, sie zu erschießen; er hat mich sie erschießen lassen.

Zweites Beispiel:
Akt (A), Lokution
  Er hat zu mir gesagt: »Das kannst du nicht tun!«
Akt (B), Illokution
  Er hat dagegen protestiert, daß ich das täte.
Akt (C), Perlokution
  (C.a) Er hat mir Einhalt geboten.
  (C.b) Er hat mich davon abgehalten, mich zur Besinnung gebracht, mich gestört.

Ganz ähnlich können wir den lokutionären Akt »Er hat gesagt, daß ...« von dem illokutionären Akt »Er hat die Meinung vertreten, daß ...« und dem perlokutionären »Er hat mich überzeugt, daß ...« unterscheiden.
Wir werden sehen, daß die in den Fällen C.a und C.b erwähnten »Folgewirkungen« eine bestimmte Sorte von Folge-

wirkungen nicht einschließen. Und zwar sind das diejenigen, welche zum illokutionären Akt gehören und z. B. erreicht werden, wenn der Sprecher – wie beim Versprechen – auf etwas festgelegt wird. Vielleicht werden wir noch Einschränkungen machen müssen; im einen Fall haben wir den Eindruck, daß es sich wirklich um das Hervorbringen echter Wirkungen handelt, im anderen Fall sprechen wir bloß von konventionalen Ergebnissen, und zwischen beiden Fällen besteht offenbar ein Unterschied. Jedenfalls werden wir später darauf zurückkommen.

Damit haben wir jetzt ganz grob zwischen drei Sorten von Handlungen unterschieden – dem lokutionären, dem illokutionären und dem perlokutionären Akt[29]. Ohne diese drei Klassen schon sehr genau zu kennzeichnen, wollen wir ein paar allgemeine Bemerkungen darüber machen, und zwar die ersten drei wieder über den »Gebrauch der Sprache«.

(1) Der Sinn dieser Vorlesungen liegt vor allem darin, daß wir uns auf den zweiten Typ konzentrieren, also auf den illokutionären Akt, und ihn den beiden anderen gegenüberstellen. Die Philosophie hat ständig dazu geneigt, ihn zugunsten eines der beiden anderen oder zugunsten beider zu übergehen. Dabei unterscheidet er sich von beiden. Wir haben schon gesehen, wie die beiden Ausdrücke »Bedeutung« und »Gebrauch eines Satzes« den Unterschied von lokutionären und illokutionären Akten verwischen können. Wir bemerken jetzt, daß das Reden vom »Gebrauch« und von der »Benutzung« der Sprache genauso den Unterschied zwischen illokutionärem und perlokutionärem Akt verwischen kann – weshalb wir sie gleich etwas sorgfältiger unterscheiden werden. Spricht man davon, daß »›die Sprache‹ zum Begründen oder zum Warnen gebraucht wird«, dann sieht das ganz so aus, wie wenn man davon spricht, daß »›die

29. An dieser Stelle enthält das Manuskript die folgende Bemerkung aus dem Jahre 1958: »(1) Das ist alles weder klar (2) noch in jeder Hinsicht relevant (A und B im Unterschied zu C); werden nicht alle Äußerungen performativ sein?« (J. O. U.)

Sprache‹ zum Überreden, Erschrecken, Beunruhigen gebraucht wird«. Und dabei kann man das erste dem zweiten ganz grob als ein *konventionales* Benutzen gegenüberstellen, wenigstens in dem Sinne, daß es explizit in der performativen Formel vor sich gehen kann, während das im zweiten Fall nicht möglich ist. Zum Beispiel können wir sagen: »Ich begründe das damit, daß ...« oder: »Ich warne Sie«; wir können aber nicht sagen: »Ich überrede Sie dazu, daß ...«, »Ich erschrecke Sie damit, daß ...«, »Ich beunruhige Sie damit, daß ...«. Außerdem kann vollkommen klar sein, ob jemand etwas begründet hat oder nicht, ohne daß man die Frage, ob er jemanden überzeugt hat oder nicht, auch nur berührt haben müßte.

(2) Man kann das noch weiter treiben. Wir müssen uns darüber klar sein, daß der Ausdruck »die Sprache gebrauchen« auf weitere Fälle anwendbar ist, die sich sogar noch mehr unterscheiden als illokutionärer und perlokutionärer Akt und mit unseren Fragen offenbar überhaupt nichts zu tun haben. Wir können zum Beispiel sagen, daß wir »die Sprache gebrauchen«, *um* etwas *zu* tun, zum Beispiel um einen Witz zu machen. Und wir können sagen: »Damit, daß ich p gesagt habe, habe ich einen Witz gemacht« (wobei »damit, daß« sich vom illokutionären »damit, daß« unterscheidet); »Ich habe das im Rahmen meiner Rolle gesagt«; »Ich habe das beim Niederschreiben eines Gedichts gesagt«. [9] Wenn hier vom »Gebrauch der Sprache« die Rede ist, so hat das mit dem illokutionären Akt nichts zu tun. Sage ich zum Beispiel: »Wenn alle Brünnlein fließen, so muß man trinken«, dann können Bedeutung und Rolle meiner Äußerung völlig klar sein, ohne daß man etwas darüber wüßte, was ich hinsichtlich dieser anderen Fragen damit getan habe. Es gibt die Auszehrung der Sprache, parasitären Gebrauch unterschiedlicher Art usw.; man kann sie in unterschiedlicher Weise »nicht ernsthaft« oder »nicht ganz normal« gebrauchen. Wovon die Rede ist, liegt gewöhnlich auf Grund bestimmter Regeln fest; sie können außer

Kraft gesetzt werden. Es kann sein, daß der Sprecher nicht versucht, einen standardisierten perlokutionären Akt zustande zu bringen, etwa nicht versucht, jemanden zu etwas zu bringen. (Goethe will ja auch nicht ernsthaft den Zephir dazu bringen, das luftig Band auf seine Flügel zu nehmen.)

(3) Sodann können wir im Zusammenhang mit Äußerungen Dinge »tun«, die jedenfalls nach unserem ersten Eindruck nicht so recht in eine dieser grob definierten Klassen fallen, oder die recht unbestimmt zu mehreren zu gehören scheinen; und dabei ist es uns durchaus nicht von vornherein so deutlich, daß sie sich von unseren drei Akten so stark unterscheiden wie Witzemachen oder Gedichte schreiben. *Etwas zu verstehen geben* ist ein Beispiel. Wenn wir mit einer Äußerung etwas zu verstehen geben, scheinen wir, wie beim illokutionären Akt, eine Konvention zu benötigen; aber wir können nicht *sagen*: »Ich gebe zu verstehen ...«. Es besteht da eine Ähnlichkeit zum Anspielen: eher eine klug berechnete Wirkung als eine bloße Handlung. Ein zweites Beispiel ist das Ausdrücken von Gefühlen. Wir können sie ausdrükken, indem wir etwas äußern, etwa wenn wir fluchen; aber auch in diesem Fall können wir die performative Formel und die anderen Hilfsmittel des illokutionären Aktes nicht benutzen. Wir könnten sagen, daß wir fluchen, *um* uns das Herz *zu* erleichtern. Halten wir fest, daß der illokutionäre Akt eine konventionale Handlung ist: eine Handlung, die als eine getan wird, die unter diese Konvention fällt.

Auf die nächsten drei Punkte hat man vor allem deshalb zu achten, weil unsere Akte *Akte* sind.

(4) Da all unsere drei Akte den Vollzug von Handlungen darstellen, muß bei ihnen Raum sein für die Mängel, denen alle Handlungen ausgesetzt sind. Wir müssen ganz systematisch darauf gefaßt sein, »den Akt, x zu tun«, d. h. x zu vollenden, von »dem Akt, zu versuchen, x zu tun«, zu unterscheiden.

Im Fall von Illokutionen müssen wir dazu bereit sein, eine notwendige Unterscheidung zu machen, die sich in der Um-

gangssprache nur in Ausnahmefällen wiederfindet, nämlich zwischen a) dem Akt, zu versuchen oder zu unternehmen, einen bestimmten illokutionären Akt zu vollziehen (oder dies vorzutäuschen oder zu arrangieren, zu erklären oder in Anspruch zu nehmen), und b) dem Akt, einen solchen Akt erfolgreich zu Ende zu bringen oder herbeizuführen.
Diese Unterscheidung ist ein Gemeinplatz der Theorie der Sprache, in der wir über »Handlung« überhaupt sprechen – oder sollte das doch sein. Allerdings haben wir früher darauf aufmerksam gemacht, daß sie im Zusammenhang mit performativen Äußerungen besonders wichtig ist: z. B. ist es immer möglich, daß man jemandem zu danken oder etwas mitzuteilen versucht, der Versuch aber auf unterschiedliche Weise fehlschlägt, weil der andere etwa nicht zuhört, weil er die Äußerung ironisch versteht oder nicht der Verantwortliche war usw.
Wie bei jedem Akt wird diese Unterscheidung auch beim lokutionären Akt auftreten; Mißerfolge sind hier aber nicht – wie dort – Fehlschläge, sondern bestehen z. B. darin, daß man die Worte nicht herausbringt, daß man sich nicht klar ausdrücken kann usw.
(5) Da unsere drei Akte Handlungen sind, dürfen wir nie den Unterschied vergessen, ob jemand Wirkungen oder Ergebnisse erzielt, die beabsichtigt sind oder aber nicht. (I) Wenn der Sprecher eine Wirkung erzielen will, braucht sie doch nicht einzutreten; (II) er braucht sie nicht erzielen zu wollen, ja er will sie vielleicht vermeiden, und sie kann doch eintreten. Für den Fall (I) benutzen wir wieder die Unterscheidung zwischen Versuch und Vollendung; für den Fall (II) benutzen wir die üblichen sprachlichen Hilfsmittel, uns von einer Handlung zu distanzieren (Adverbien wie »unabsichtlich« usw.), wie sie für den Handelnden in allen Fällen bereitstehen[29a].

29a. Es sollte darauf hingewiesen werden, daß dieser Fall (II) natürlich auch bei lokutionären und illokutionären Akten eintreten kann. Ich kann etwas sagen oder über etwas sprechen, ohne das mit meiner Äuße-

(6) Da es sich um Handlungen handelt, muß außerdem die Möglichkeit offenbleiben, daß man sie nicht im eigentlichen Sinne selbst *tut*, zum Beispiel in dem Sinne, daß man sie unter Zwang oder unter ähnlichen Umständen tut. Andere Fälle, in denen man nicht sagen kann, daß die Handlung wirklich getan worden sei, haben wir oben unter (2) angegeben. Wir können vielleicht auch auf die Fälle aus (5) verweisen, wo wir Folgen versehentlich, also ohne Absicht, hervorbringen.

(7) Einem Einwand gegen unsere illokutionären und perlokutionären Akte – daß nämlich der Begriff des Akts unklar sei – müssen wir schließlich mit einer allgemeinen Theorie der Handlung begegnen. Wir haben die Vorstellung, daß eine Handlung ein rein physisch definierbares Verhalten des Handelnden sei, unabhängig von Konventionen und Wirkungen. Aber:

(a) Zum illokutionären Akt und sogar auch zum lokutionären können Konventionen nötig sein. Denken Sie daran, wie jemand sich verbeugt; eine Verbeugung ist das nur im Rahmen einer Konvention, und getan wird es nur auf Grund der Konvention. (Ähnlich der Unterschied: gegen eine Mauer schießen – ein Tor schießen.)

(b) Zum perlokutionären Akt gehören immer Wirkungen, wenn wir etwa sagen: »Dadurch, daß ich x getan habe, habe ich y getan.« Wir nehmen immer eine kürzere oder längere Kette von »Wirkungen« oder »Folgen« mit herein, wobei einige davon »unbeabsichtigt« sein können. Es gibt überhaupt keine Begrenzung auf ein körperliches Minimalverhalten. Es ist eine grundlegende Binsenweisheit in der Theorie unserer Sprache über Handlungen überhaupt (oder

rung im Sinn zu haben, oder ich kann mich unabsichtlich zu einer bestimmten Aufgabe verpflichten; z. B. kann ich jemanden auffordern, etwas zu tun, ohne ihn auffordern zu wollen. Im Zusammenhang mit Perlokutionen springt diese Möglichkeit allerdings am meisten ins Auge, genau wie auch die Unterscheidung zwischen Versuch und Vollendung.

sollte das jedenfalls sein), daß wir unbestimmt lange Ketten von Sachverhalten in die Bezeichnung unserer Handlungen hereinnehmen können, die man auch »Wirkungen« oder »Folgen« unserer Handlung nennen könnte. Auf die Frage »Was hat er getan?« können wir zum Beispiel antworten »Er hat den Esel erschossen« oder »Er hat einen Gewehrschuß abgefeuert« oder »Er hat den Abzug betätigt« oder »Er hat den Finger am Abzug gekrümmt«; und alle Antworten können richtig sein. Um also die Geschichte vom Herrn, der den Jockel ausschickt, abzukürzen, können wir letzten Endes sagen, daß er (dadurch, daß er den Teufel ausschickt und der den Henker holt und der den Schlächter hängt und der den Ochsen schlachtet und der das Wasser säuft und dies das Feuer löscht und das Feuer den Prügel brennt und der den Pudel schlägt und der Pudel den Jockel beißt und dieser den Hafer schneidt und auch gleich nach Haus kommt) den Jockel den Hafer holen läßt. Wenn wir in solchen Fällen sowohl einen (B)-Akt (Illokution) als auch einen (C)-Akt (Perlokution) *erwähnen*, dann werden wir nicht sagen: »Indem er B-te ...«, sondern eher: »Dadurch, daß er B-te, C-te er.« Das ist der Grund, warum C *per*lokutionär und nicht illokutionär heißt.

Das nächste Mal werden wir auf die Unterscheidung unserer drei Akte und auf die Ausdrucksweisen »Indem/dadurch, daß ich x tue, tue ich y« zurückkommen, um uns über die drei Klassen, was dazu gehört und was nicht, größere Klarheit zu verschaffen. Wie wir sehen werden, gehört es nicht nur zum lokutionären Akt, daß man viele Dinge auf einmal tun muß, damit er vollständig ist; auch mit dem illokutionären und dem perlokutionären kann es so gehen.

Neunte Vorlesung

Mit dem Vorschlag, uns an das Programm einer Liste explizit performativer Verben zu machen, sind wir in gewisse Schwierigkeiten geraten: wie soll man denn bestimmen, ob eine Äußerung performativ oder nicht performativ ist, oder jedenfalls ob sie *rein* performativ ist? Es lag deshalb nahe, auf die Grundlagen zurückzugehen und zu untersuchen, was es alles bedeuten kann, daß jemand, indem er etwas sagt, etwas tut, oder etwas *dadurch, daß* er etwas sagt, tut.

Zunächst haben wir eine Reihe von Dingen beschrieben, die man mit einer Äußerung tut und die zusammen einen *lokutionären Akt* ausmachen. Er läuft, grob gesprochen, darauf hinaus, daß man einen bestimmten Satz äußert und damit etwas Bestimmtes über etwas Bestimmtes sagt; und das heißt ungefähr, daß die Äußerung im traditionellen Sinne »Bedeutung« hat. Zweitens, haben wir gesagt, vollziehen wir auch *illokutionäre Akte*, wie Informieren, Befehlen, Warnen, Sichverpflichten und so weiter, d. h. wir tun Äußerungen, die eine bestimmte (konventionale) Rolle spielen. Drittens können wir dann noch *perlokutionäre Akte* vollziehen; wir bringen sie *dadurch* zustande, *daß* wir etwas sagen. Beispiele sind Überzeugen, Überreden, Abschrecken, auch zum Beispiel Überraschen oder Irreführen. Damit kann es schon dreierlei heißen (wenn nicht mehr), wenn man vom »Gebrauch eines Satzes« oder vom »Gebrauch der Sprache« redet; wir haben drei verschiedene Dimensionen des Gebrauchs. (Natürlich gibt es mehr davon.) Die Akte der drei Typen sind den üblichen Mängeln und Vorbehalten ausgesetzt, die mit Versuch und Vollendung, Absicht und Versehen und dergleichen zusammenhängen, und zwar natürlich einfach deshalb, weil sie Handlungen sind. Wir haben dann gesagt, daß wir alle drei genauer untersuchen müssen.

Wir müssen zwischen dem illokutionären und dem perlokutionären Akt unterscheiden; zum Beispiel müssen wir sehen, was für Unterschiede zwischen »Indem ich das gesagt habe, habe ich ihn gewarnt« und »Dadurch, daß ich das gesagt habe, habe ich ihn überzeugt (überrascht, aufgehalten)« bestehen. °

Wahrscheinlich wird uns die Unterscheidung von illokutionären und perlokutionären Akten am ehesten Schwierigkeiten machen, und wir werden jetzt darauf eingehen; auf die Unterscheidung zwischen illokutionären und lokutionären Akten kommen wir nur zwischendurch zu sprechen. Ganz bestimmt müssen wir den perlokutionären Sinn von »eine Handlung tun« irgendwie ausschließen, weil das Tun in diesem Sinne irrelevant dafür ist, ob eine Äußerung, die man als das »Tun einer Handlung« bezeichnen kann, performativ ist – jedenfalls wenn sie sich dadurch von der konstativen unterscheiden soll. Denn offensichtlich kann man *jeden* oder fast jeden perlokutionären Akt unter hinreichend speziellen Umständen dadurch zustande bringen, daß man mit oder ohne Vorbedacht eine ganz beliebige Äußerung tut, insbesondere auch eine durch und durch konstative Äußerung (wenn es solch ein Tierchen gibt). Sie können mich zum Beispiel dadurch von einer Handlung abhalten (C.b)[30], daß Sie mich – vielleicht ganz arglos, aber doch rechtzeitig – über ihre Folgen informieren. Das gilt sogar für (C.a), denn davon, daß sie die Ehe gebrochen hat, können Sie mich dadurch überzeugen (C.a), daß Sie sie fragen, ob das Taschentuch in X's Zimmer nicht ihr gehöre, oder daß Sie feststellen, es gehöre ihr[31].

30. Zur Bedeutung dieser und der folgenden Buchstaben vgl. S. 119.

31. Wenn Informationen vermittelt werden, dann hat das fast immer Wirkungen auf Handlungen; und das ist nicht überraschender als die Umkehrung, daß nämlich der Vollzug beliebiger Handlungen (performative Äußerungen eingeschlossen) regelmäßig zur Folge hat, daß wir und andere Tatsachen bemerken. Wer eine Handlung in wahrnehmbarer oder entdeckbarer Weise vollzieht, gibt sich und im allgemeinen auch anderen die Möglichkeit zu erfahren, (a) daß er das getan hat, (b) vieles

Wir müssen also zwischen der Handlung (hier dem illokutionären Akt) und ihren Folgen eine Grenze ziehen. Nun ist das im allgemeinen bei nicht-konventionalen, »körperlichen« Handlungen, die nicht in Äußerungen bestehen, eine verwickelte Angelegenheit. Wie wir gesehen haben, können wir folgendes tun: Wir betrachten unsere »Handlung«, so wie sie mit ihrer Bezeichnung gegeben ist. Sie enthält Bestandteile, die auf unseren ersten Blick und nach üblicher Betrachtungsweise durchaus dazugehören oder doch dazugerechnet werden könnten[32]. Schritt für Schritt sagen wir jetzt über immer mehr von diesen Bestandteilen, sie seien *in Wahrheit* bloß *Folgen* unserer *eigentlichen* Handlung, wie nah sie dieser auch sein mögen und wie selbstverständlich es auch sein mag, sie vorwegzunehmen. Die »eigentliche« ist die Handlung dann in dem Sinne, daß sie ein minimales körperliches Verhalten darstellt, daß man nämlich Bewegungen macht oder Teile seines Körpers bewegt. (Zum Beispiel krümme ich meinen Finger; das bewirkt eine Bewegung des Abzugs; das bewirkt ... das bewirkt den Tod des Esels.) Darüber kann man natürlich eine Menge sagen, was uns aber hier nichts angeht.

Demgegenüber nun zu den Handlungen, die darin bestehen, daß man etwas sagt:

(1) Wir finden im *Vokabular* eine Hilfe, die wir allgemein im Fall »körperlicher« Handlungen dort vergeblich suchen.

andere über seine Motive, seinen Charakter und was man sonst noch aus seiner Handlung schließen kann. Wenn man in einer politischen Versammlung mit Tomaten schmeißt (oder, wenn man auch das als Handlung ansehen will, »Unverschämtheit!« brüllt, wenn ein anderer mit Tomaten schmeißt), dann wird das gewöhnlich zur Folge haben, daß die anderen den Widerspruch feststellen und sich gewisse Meinungen über die politischen Anschauungen dahinter bilden. Aber davon wird weder das Werfen noch das Brüllen wahr oder falsch (obgleich sie natürlich irreführen können, und das ganz bewußt). Aus demselben Grunde kann eine konstative Äußerung so viele Wirkungen hervorrufen, wie sie will: sie hört darum nicht auf, wahr oder falsch zu *sein.*

32. Ich gehe auf die Frage, wie weit Folgen und Wirkungen reichen können, nicht ein. Die geläufigen Fehler in dieser Frage kann man zum Beispiel in Moores *Principia Ethica* finden.

Denn die nächstliegende Bezeichnung körperlicher Handlungen trifft fast *nie* unsere »körperliche Minimalhandlung«, sondern schließt einen mehr oder weniger großen, unbestimmten Bereich ihrer natürlichen Folgen (wie wir sagen können) ein; oder, wenn man die Handlung unter einem anderen Blickwinkel sieht, die Absicht, mit der sie getan wird.
Nicht nur, daß wir vom Begriff einer körperlichen Minimalhandlung keinen Gebrauch machen (Zweifel weckt er sowieso); wir scheinen darüber hinaus keine Bezeichnungen zu kennen, die körperliche Handlungen von Folgewirkungen unterscheiden. Bei Handlungen, die darin bestehen, daß man etwas sagt, scheint dagegen das Vokabular für B-Akte ausgesprochen dazu dazusein, regelmäßig an einem bestimmten Punkt eine Grenze zwischen dem Akt (unserer Äußerung) und seinen Folgen (im Normalfall nicht wieder Äußerungen), oder doch sehr vielen von ihnen, zu kennzeichnen[33].
(2) Darüber hinaus finden wir anscheinend eine gewisse Hilfe im besonderen Charakter von Handlungen, die darin bestehen, daß man etwas sagt, und zwar im Gegensatz zu gewöhnlichen körperlichen Handlungen. Denn bei den letzteren ist doch die körperliche Minimalhandlung, die wir von ihren Folgen zu isolieren versuchen, als Körperbewegung *in pari materia* wie viele ihrer unmittelbaren natürlichen Folgen[34]. Bei der Handlung, etwas zu sagen, ist das anders:

33. Beachten Sie: Wenn wir als körperliche Minimalhandlung bei »Ich habe meinen Finger bewegt« eine körperliche Bewegung suchen, dann sorgt die Tatsache, daß der bewegte Gegenstand Teil meines Körpers *ist*, für eine Bedeutungsveränderung von »bewegen«. Zum Beispiel kann ich in der Lage sein, wie ein Schuljunge mit den Ohren zu wackeln oder sie mit den Händen zu bewegen, und ich kann meinen Fuß entweder auf die übliche Weise bewegen oder mit der Hand (etwa wenn er eingeschlafen ist). Der übliche Sinn von »bewegen« in solchen Beispielen wie »Ich habe meinen Finger bewegt« läßt kein weiteres Zurückgehen zu. Wir dürfen nicht versuchen, uns aufs »Anstrengen der Muskeln« zurückzuziehen.

34. Der Ausdruck *in pari materia* könnte Sie irreführen. Wie ich in der vorstehenden Anmerkung gesagt habe, meine ich nicht, daß »meinen Finger bewegen« und seine Folge »den Abzug bewegen« einander meta-

ganz gleich, was ihre unmittelbaren und natürlichen Folgen sein mögen, sind sie doch gewöhnlich nicht wieder Handlungen, etwas zu sagen, ob nun seitens des Sprechers oder anderer Personen[35]. Die Kette wird also hier ganz regelmäßig von selbst unterbrochen; diese Unterbrechung fehlt bei körperlichen Handlungen und geht zusammen mit einer besonderen Klasse von Bezeichnungen für illokutionäre Akte. Damit können wir durchaus ein bißchen weiterkommen; allerdings könnte man hier fragen, ob die in den Bezeichnungen der perlokutionären Akte eingeschlossenen Folgen nicht im Grunde Folgen der lokutionären, also der A-Akte, sind. Müssen wir nicht in unserem Bemühen, »alle« Folgen auszuschließen, noch weiter als bis zum illokutionären Akt, nämlich zum lokutionären zurückgehen – und zwar zum Akt (A.a), dem Geräuschemachen, also einer körperlichen Bewegung[36]? Wir haben ja zugegeben, daß man keinen illokutionären Akt vollziehen kann, ohne einen lokutionären Akt zu vollziehen; daß man zum Beispiel zum Glückwünschen bestimmte Wörter sagen muß; und um das zu tun, muß man – unter anderem jedenfalls – bestimmte mehr oder weniger gut zu beschreibende Bewegungen mit den Sprechorganen machen[37]. Die Trennung zwischen »körperlichen«

physisch gesehen auch nur im mindesten ähnelten (oder auch »meinen Finger bewegen« und »daß mein Finger den Abzug bewegt«). Aber »die Bewegung eines Abzugsfingers« ist *in pari materia* wie »die Bewegung eines Abzugs«.

Es gibt noch eine weitere, sehr wichtige Ausdrucksmöglichkeit für dieselbe Sache: Wenn eine Äußerung Wirkungen auf andere Personen hervorruft, Dinge *verursacht*, dann hat »hervorrufen« und »verursachen« einen ganz anderen Sinn als bei der physikalischen Verursachung durch Druck und so weiter. Die Verursachung läuft hier über die sprachlichen Konventionen und ist eine Frage des Einflusses, den eine Person auf eine andere ausübt; das ist vermutlich der ursprüngliche Sinn von »Ursache«.

35. Siehe unten. (S. 133 ff. v. S.)

36. Ist es das? Wir haben schon angemerkt, daß das Geräuschemachen in Wahrheit bloß eine Folge der körperlichen Minimalhandlung ist, Sprechorgane zu bewegen.

37. Der Einfachheit zuliebe beschränken wir uns weiterhin auf *gesprochene* Äußerungen.

Handlungen und der Handlung, etwas zu sagen, ist also nicht in jeder Hinsicht vollständig – es gibt Zusammenhänge. Aber (I) während das in gewissen Zusammenhängen von Bedeutung sein mag, hindert es uns doch offenbar nicht daran, für unseren Zweck da, wo wir sie brauchen, *eine* Grenze zu ziehen, nämlich zwischen der Vollendung des illokutionären Aktes und allen späteren Folgen. Außerdem (II) etwas viel Wichtigeres: Oben hat, wenn auch nicht ausdrücklich, eine Vorstellung mitgespielt, vor der wir uns hüten müssen – daß der illokutionäre Akt eine *Folge* des lokutionären sei, oder auch nur, daß die Bezeichnung eines illokutionären Aktes *zusätzlich einige* Folgen des lokutionären Aktes einschließe[38]. Für »Er hat mich gedrängt« würde das bedeuten, daß er gewisse Worte gesagt hat und daß dies außerdem gewisse Folgen (? Wirkungen auf mich) hatte *oder* haben sollte. Wenn wir aus irgendeinem Grunde einmal vom illokutionären Akt zum phonetischen Akt »zurückgehen« wollten (was das auch heißen mag), dann würden wir damit nicht in der Weise die Kette der Folgen eines körperlichen Minimalverhaltens rückwärts durchlaufen, wie wir uns vom Tod des Kaninchens zur Bewegung des Fingers am Abzug zurückzugehen vorstellen. Daß man Geräusche macht, mag eine (physikalische) Folge der Bewegung der Sprechorgane, des Atems und so weiter sein; daß man ein Wort äußert, ist *keine* (physikalische oder andersartige) Folge davon, daß man Geräusche macht. Daß man Wörter mit bestimmter Bedeutung äußert, ist ebensowenig eine (physikalische oder andersartige) *Folge* davon, daß man die Wörter äußert. Darum sind auch phatischer (A.b) und rhetischer Akt (A.c) keine *Folgen* von phonetischen Akten (A.a), erst recht keine physikalischen Folgen davon. Was wir mit den Bezeichnungen illokutionärer Akte einbeziehen, sind keine Folgen (im üblichen Sinne) des lokutionären Aktes, sondern die Tatsache, daß die Konventionen für die illokutionäre Rolle auf

38. Siehe allerdings weiter unten. (S. 133 ff. v. S.)

die Äußerung in ihren speziellen Umständen zutreffen. Wir werden gleich darauf zurückkommen, in welchem Sinne der erfolgreiche, vollendete Vollzug eines illokutionären Aktes tatsächlich mit »Folgen« und »Wirkungen« verbunden ist[39].

Bisher habe ich mich also um den Nachweis dafür bemüht, daß wir hoffen dürfen, perlokutionären und illokutionären Akt dadurch voneinander zu unterscheiden, daß der illokutionäre Folgen *nach* sich zieht, und weiter um den Nachweis dafür, daß der illokutionäre keine »Folge« des lokutionären Aktes ist. Ich muß nun allerdings darauf hinweisen, daß der

39. Wir fühlen vielleicht immer noch die Versuchung, der Lokution gegenüber der Illokution irgendeine »Priorität« zuzuschreiben; sehen wir doch, daß es zweifelhaft sein kann, wie man einen gegebenen rhetischen Akt (A.c) in der Terminologie der Illokutionen bezeichnen soll. Warum sollten wir sonst den einen mit A bezeichnen und den anderen mit B? Wir können uns darüber einig sein, welche Wörter und mit welchen Bedeutungen und worüber geäußert worden sind; aber wir können uns immer noch streiten, ob sie unter diesen Umständen eine Anweisung oder eine Drohung oder bloß einen Ratschlag oder eine Warnung bedeutet haben. Nun gibt es aber genausogut in Einzelfällen jede Möglichkeit zum Streit darüber, wie der rhetische Akt in der Terminologie der lokutionären Akte zu kennzeichnen ist. (Was hat er denn nun gemeint; welche Person, welchen Zeitpunkt, was sonst hat er gemeint?) Ja, oft können wir uns darüber einig sein, daß er eindeutig eine Anweisung gegeben hat (illokutionärer Akt), während unklar ist, was er befehlen wollte (lokutionärer Akt). Man darf wohl annehmen, daß die Handlung in mindestens eben dem Maße als mehr oder weniger *bestimmter* Typ von illokutionärem Akt gekennzeichnet werden können muß, wie er als mehr oder weniger bestimmter Typ von lokutionärem Akt (A) gekennzeichnet werden kann. Schwierigkeiten im Zusammenhang mit Konvention und Absicht muß es bei der Entscheidung über den Charakter sowohl des einzelnen lokutionären als auch des einzelnen illokutionären Aktes geben: absichtliche und versehentliche Mehrdeutigkeit in der inhaltlichen Bedeutung der Äußerung ist vielleicht ebenso häufig wie absichtliches und versehentliches Unterlassen der Klärung, »wie unsere Wörter zu nehmen sind« (im illokutionären Sinn). Darüber hinaus dient der ganze Apparat der »explizit performativen Äußerungen« (s. o.) dazu, Uneinigkeit über den Charakter illokutionärer Akte zu vermeiden. Es ist tatsächlich viel schwerer, entsprechende Uneinigkeiten über lokutionäre Akte zu verhindern. Beide sind jedoch konventional und einer richterlichen »Deutung« ihres Charakters ausgesetzt.

illokutionäre Akt, auch wo er vom perlokutionären deutlich geschieden ist, in gewissem Sinne mit dem Hervorbringen von Folgen zu tun hat:

(1) Ohne daß eine gewisse Wirkung erzielt wird, glückt der illokutionäre Akt nicht, wird er nicht erfolgreich vollzogen. Das ist etwas anderes, als daß der illokutionäre Akt darin bestünde, daß gewisse Wirkungen erzielt werden. Man kann nicht sagen, ich hätte jemanden gewarnt, ohne daß er hört, was ich sage, und es in gewisser Weise auffaßt. Man muß also eine Wirkung auf den Hörer erzielen, wenn man den illokutionären Akt zustande bringen soll. Wie drücken wir das am besten aus? Und wo liegt die Grenze? Im allgemeinen besteht die Wirkung darin, daß Bedeutung und Rolle der Äußerung verstanden werden. Zum Vollzug eines illokutionären Aktes gehört daher, daß man *verstanden* wird.

(2) Der illokutionäre Akt »hat Folgen«, »hat Ergebnisse«, »wird wirksam«, jedoch in einer Weise, die mit dem Hervorbringen von Folgen oder Wirkungen im »normalen« Sinne, also dem Schaffen von Sachverhalten in der Natur, Veränderungen im Ablauf der Ereignisse, nichts zu tun hat. So ist die Äußerung »Ich taufe das Schiff ›Queen Elizabeth‹« im Ergebnis die Taufe des Schiffes; sie hat die Wirkung oder Folge, daß von nun an bestimmte Handlungen – etwa über das Schiff mit dem Namen »Generalissimus Stalin« zu sprechen – nicht in Ordnung sind.

(3) Wir haben gesagt, daß viele illokutionäre Akte kraft Konvention zu einer Antwort oder Reaktion auffordern. So erfordert die Aufforderung als Antwort das Gehorchen, ein Versprechen als Antwort die Erfüllung. Die Antwort oder Reaktion kann »einseitig« sein, etwa beim ⟨Bestürmen⟩, Befehlen, Versprechen, Vorschlagen oder Bitten, oder »zweiseitig«, wie wenn man anbietet, wenn man fragt, ob einer will, oder »Ja oder Nein?« fragt. Zur Antwort bzw. Reaktion gehört eine zweite Handlung des Sprechers oder einer anderen Person; und es ist eine Trivialität und gehört zu

der Art und Weise, wie wir über Folgen reden, daß diese zweite Handlung nicht zur ersten gerechnet werden kann.
Im allgemeinen kann man aber das Wort für die zweite Handlung in dem Ausdruck »Ich habe ihn dazu gebracht, zu ...« einsetzen. Das macht aus der Handlung *meine* Handlung, und zwar, soweit Worte verwendet werden oder verwendet werden können, einen perlokutionären Akt. Zum Beispiel müssen wir unterscheiden zwischen »Ich habe ihm einen Befehl gegeben, und er hat gehorcht« und »Ich habe ihn dazu gebracht zu gehorchen«. Im allgemeinen drückt die zweite Äußerung aus, daß ich noch weitere Mittel benutzt habe, um diese Wirkung zu erzielen, und daß sie mir deshalb zuzurechnen ist: Anreize, persönliche Anwesenheit oder auch Beeinflussung bis hin zum Zwang. Sehr oft liegt sogar ein anderer illokutionärer Akt als der bloße Befehl vor, etwa bei der Äußerung: »Ich habe ihn dadurch dazu gebracht, daß ich die Feststellung x getroffen habe.«
Damit sind illokutionäre Akte auf dreierlei Art mit Wirkungen verknüpft: das Verständnis sichern, wirksam sein und zu einer Antwort auffordern; und diese unterscheiden sich allesamt vom Hervorbringen von Wirkungen, wie es für den perlokutionären Akt charakteristisch ist.
Der perlokutionäre Akt besteht entweder darin, daß ein perlokutionäres Ziel erreicht (überzeugen, überreden) oder ein perlokutionäres Nachspiel erzeugt wird. Z. B. kann der Akt, jemanden zu warnen, sein perlokutionäres Ziel erreichen, ihn auf die Gefahr aufmerksam zu machen, und auch das perlokutionäre Nachspiel haben, ihn aufzuregen; eine Argumentation gegen eine bestimmte Ansicht kann ihr Ziel verfehlen, kann aber das perlokutionäre Nachspiel haben, unseren Gegner vom Zutreffen der Ansicht zu überzeugen (»Ich habe ihn ausgerechnet überzeugt!«). Das perlokutionäre Ziel einer Illokution kann das Nachspiel einer anderen sein. Z. B. kann eine Warnung das Nachspiel erzeugen, jemanden abzuschrecken, und »laß das«, eine Äußerung, deren Ziel ist, jemanden abzuschrecken, kann das

Nachspiel erzeugen, den Adressaten aufmerksam zu machen oder sogar aufzuregen. Einige perlokutionäre Akte erzeugen immer Nachspiele, und zwar gilt das dann, wenn keine illokutionäre Formel existiert. Zum Beispiel kann ich jemanden durch eine Äußerung überraschen oder aufregen oder demütigen; aber die illokutionären Formeln »Ich überrasche Sie«, »Ich rege Sie auf« und »Ich demütige Sie« gibt es nicht.

Kennzeichnenderweise kann die erzielte Antwort oder Reaktion bei perlokutionären Akten zusätzlich oder auch ganz und gar durch *außersprachliche* Mittel erreicht werden; so kann man jemanden einschüchtern, indem man einen Knüppel schwingt oder mit einer Pistole zielt. Sogar die Ziele des Überzeugens, Überredens, Zum-Gehorsam-Bringens und Zu-einer-Meinung-Bringens (was man erreicht, indem man überzeugt, überredet, zum Gehorsam oder zu einer Meinung bringt) kann man außersprachlich erreichen. Liegt aber kein illokutionärer Akt vor, dann ist Zweifel daran angebracht, daß diese für perlokutionäre Ziele typische Sprache gebraucht werden darf. Man vergleiche etwa »ich ließ ihn das tun« mit »ich brachte ihn zum Gehorsam«. Das genügt allerdings nicht, um perlokutionäre Akte von illokutionären zu unterscheiden, da man mit außersprachlichen Mitteln zum Beispiel auch warnen, befehlen, einstellen, übereignen, protestieren und sich entschuldigen kann; und das sind illokutionäre Akte. Zum Beispiel können wir eine lange Nase machen oder mit Tomaten schmeißen, um zu protestieren.

Wichtiger ist die Frage, ob Antworten und Nachspiele durch nicht-konventionale Mittel erreicht werden können. Ganz gewiß können wir ein und dasselbe perlokutionäre Nachspiel durch nicht-konventionelle Mittel erreichen (»unkonventionelle« Mittel, wie wir sagen), also durch Mittel, die jedenfalls im Verfolg dieser Absicht keiner Konvention unterliegen. Zum Beispiel kann ich jemanden überreden, indem ich sanft einen großen Knüppel schwinge oder freundlich erwähne, daß seine betagten Eltern dem Dritten Reich noch nicht entkommen sind. Für illokutionäre Akte gilt ausnahmslos, daß man sich für sie konventionaler Mittel bedienen muß, und das muß daher auch gelten, wenn die Mittel einmal außersprachlich sind. Aber es ist schwer zu sagen, wo Konventionen anfangen und wo sie aufhören; ich kann ihn etwa warnen, indem ich einen Knüppel schwinge, und ich kann ihm etwas übereignen, indem ich es ihm einfach aushändige. Warne ich ihn aber, indem ich den Knüppel schwinge, dann ist mein Stockschwingen eine Warnung: er weiß sehr gut, was ich meine; es kann eine unverkennbare Drohgebärde sein. Ähnliche Schwierigkeiten entstehen, wenn es um die stillschweigende Zustimmung zu einer Abmachung oder um ein stillschweigendes Versprechen oder eine Abstimmung durch Handaufheben geht. Es bleibt indessen Tatsache, daß man viele illokutionäre Akte überhaupt nur mit einer Äußerung vollziehen kann. Das gilt zum Beispiel fürs Feststellen, Mitteilen (im Unterschied zum Vorzeigen), Begründen, Taxieren, Dafürhalten und Entscheiden (im Rechtssinne); es gilt für die große Mehrzahl der verdiktiven und expositiven Äußerungen im Gegensatz zu vielen exerzitiven und kommissiven[40].

40. Zur Definition von verdiktiven, expositiven, exerzitiven und kommissiven Äußerungen vgl. die zwölfte Vorlesung. (J. O. U.)

Zehnte Vorlesung

Unsere ursprüngliche Unterscheidung zwischen performativen und konstativen Äußerungen und unser Programm, eine ganze Liste von explizit performativen Wörtern (bemerkenswerterweise Verben) zu finden, haben wir erst einmal vergessen; wir haben statt dessen einen neuen Anlauf genommen und untersucht, was es alles heißen kann, daß man damit, daß man etwas sagt, etwas tut. Wir haben unterschieden zwischen dem lokutionären Akt (mit phonetischem, phatischem und rhetischem Akt), sofern die Äußerung *Bedeutung* hat; dem illokutionären Akt, sofern die Äußerung eine gewisse *Rolle* spielt; und dem perlokutionären Akt, sofern durch die Äußerung gewisse *Wirkungen erzielt* werden.

Wir haben in der letzten Vorlesung festgestellt, daß man von Folgen und Wirkungen in diesem Zusammenhang in ganz verschiedenem Sinne sprechen kann. Insbesondere spielen Folgen und Wirkungen in dreierlei Hinsicht auch bei illokutionären Akten eine Rolle: die Äußerung muß verstanden werden, sie hat Ergebnisse und sie fordert zu Reaktionen auf. Für die perlokutionären Akte haben wir grob unterschieden, daß sie ein Ziel erreichen und ein Nachspiel haben können. Illokutionäre Akte sind konventional; perlokutionäre Akte sind das *nicht*. Handlungen *beider* Arten können außersprachlich zustande kommen; genauer heißt das: Man kann mit außersprachlichen Mitteln Handlungen vollziehen, die zum Beispiel dem illokutionären Akt des Warnens oder dem perlokutionären Akt des Überzeugens gleichwertig sind. Damit man die Handlung in diesem Fall mit dem Namen eines illokutionären Aktes (etwa »Warnen«) bezeichnen kann, muß sie eine *konventionale* außersprachliche Handlung sein. Perlokutionäre Akte sind dagegen nicht konventional; allerdings kann man konventionale Handlungen benutzen, um den perlokutionären Akt zustande zu bringen.

Ein Richter, der hört, welche Worte geäußert worden sind, muß entscheiden können, welche lokutionären und welche illokutionären Akte vollzogen worden sind, nicht aber, welche perlokutionären Akte vollendet sind.
Schließlich haben wir auf einen ganzen Bereich weiterer Fragen hingewiesen, die alle darum kreisen, »wie wir die Sprache gebrauchen«, »was wir tun, indem wir etwas sagen«. Wir haben gesagt, daß sie auf den ersten Blick mit unseren Fragen wohl überhaupt nichts zu tun haben – Zusatzfragen, die wir nicht anschneiden. Man kann zum Beispiel etwas zu verstehen geben (oder auch sonst die Sprache *nicht wörtlich* gebrauchen), man kann einen Witz machen (oder auch sonst die Sprache *nicht ernst* gebrauchen); man kann fluchen und angeben (womit man die Sprache vielleicht zum Ausdruck von Gefühlen benutzt). Wir können sagen: »Mit meiner Äußerung habe ich einen Witz gemacht« (»etwas zu verstehen gegeben«, »meine Gefühle ausgedrückt« und so weiter).
Wir müssen nun noch ein paar abschließende Bemerkungen über die Formeln

»Indem ich x gesagt habe, habe ich y getan« und
»Dadurch, daß ich x gesagt habe, habe ich y getan«

machen. Die Namen »illokutionär« und »perlokutionär« haben wir ja gerade deshalb gewählt, weil wir die beiden Formeln haben und die erste besonders gut geeignet scheint, Verben zur Bezeichnung von illokutionären Akten auszuzeichnen, während die zweite dasselbe für Verben zur Bezeichnung von perlokutionären Akten zu leisten scheint. Zum Beispiel können wir sagen:

»*Indem* ich gesagt habe, ich würde ihn erschießen, habe ich ihm gedroht.«
»*Dadurch, daß* ich gesagt habe, ich würde ihn erschießen, habe ich ihn in Aufregung versetzt.«

Werden diese sprachlichen Schemata uns einen Test liefern, mit dem wir illokutionäre und perlokutionäre Akte unterscheiden können? Sie werden es nicht.

Bevor ich an dieses Problem gehe, möchte ich allerdings eine allgemeine Bemerkung machen, eigentlich ein Bekenntnis. Viele von Ihnen werden bei dieser Arbeitsweise die Geduld verlieren – und bis zu einem gewissen Grade ist das durchaus gerechtfertigt. Sie werden fragen: »Warum hört er nicht auf mit dem Blabla? Warum faselt er in einem fort von Bezeichnungen (ganzen Listen davon!), die wir in der Umgangssprache für Handlungen verwenden, die entfernt mit Sprechen zu tun haben? Was soll das Gerede über Schemata wie das ›indem‹-Schema und das ›dadurch, daß‹-Schema? Warum kommt er nicht endlich zur Sache und diskutiert die Angelegenheit zackzack! ordentlich sprachwissenschaftlich und psychologisch? Wozu die ganzen Um- und Abwege?« Nun, dazu zweierlei: *Zuerst* müssen wir schauen, was wir aus der Umgangssprache herauspressen können; und selbst wenn da nur Dinge herauskommen, die sowieso keiner bestritten hätte, dürfen wir doch erst *hinterher* sprachwissenschaftlich und psychologisch arbeiten – und müssen es dann natürlich auch. Andernfalls werden wir zu viel übersehen und uns übereilen.

»Indem« und »dadurch, daß« lohnen eine Untersuchung sowieso; übrigens auch »als«, »während« und so weiter. Die Bedeutung solcher Untersuchungen zeigt sich deutlich bei der allgemeinen Frage, wie die verschiedenen möglichen Kennzeichnungen dessen, »was ich tue«, miteinander zusammenhängen. Beim Problem der »Folgen« haben wir das ja gesehen. Wir wenden uns also dem »indem«- und dem »dadurch, daß«-Schema zu; danach werden wir zu unserer ursprünglichen Unterscheidung von performativen und konstativen Äußerungen zurückkehren und schauen, wie sie in unser neu erbautes Gerüst paßt.

⟨Wir versuchen, in unseren Schemata sprachliche Kriterien zu finden, mit deren Hilfe sich Berichte über illokutionäre und perlokutionäre Akte voneinander unterscheiden lassen. Dabei gehen wir davon aus, daß wir durch die Aufzählung von Beispielen und durch skizzenhafte allgemeine Kennzeichnungen bereits einen Begriff von diesen Akten gewonnen haben, der in Einzelfällen klar genug ist, um uns eine Überprüfung der auszuprobierenden sprachlichen Kriterien zu erlauben. Wir wissen zum Beispiel, daß Ermahnen ein illokutionärer Akt ist, Aufmuntern dagegen ein perlokutionärer; der Bericht »Indem er sagte, ich solle mich zusammennehmen, hat er mich ermahnt« ist also ein Bericht über einen illokutionären Akt, »Indem er sagte, ich solle mich zusammennehmen, hat er mich aufgemuntert« dagegen ein Bericht über einen perlokutionären Akt. Und die sprachlichen Kriterien, die wir suchen, müssen gerade dieses Ergebnis haben. Wenn wir sie an vielen klaren Fällen für tauglich befunden haben, können sie uns dann helfen, die unklaren zu entscheiden.

Wir gehen davon aus, daß die Berichte, die wir untersuchen, in gewisser Weise normiert sind; sie müssen nämlich eine der folgenden Formen haben:

Indem er A gesagt hat, hat er ge-B-t.
Damit, daß er A gesagt hat, hat er ge-B-t.
Dadurch, daß er A gesagt hat, hat er ge-B-t.

Also etwa: »Indem er gesagt hat: ›Niemals!‹, hat er sich geweigert.« – »Damit, daß er gesagt hat, er verabscheue Katholiken, hat er nur von römischen Katholiken gesprochen.« – »Dadurch, daß er gesagt hat: ›Kopf hoch!‹, hat er mich aufgemuntert.« Gewisse Freiheiten im Umgang mit dieser Normierung müssen wir uns, im Vertrauen darauf, keine verfälschenden Fehler zu machen, gelegentlich erlauben können; statt »gesagt« wird auch stehen können »gefragt«, »gerufen«, »geäußert« und ähnlich verwandte Wörter; die Satzstellung im Nebensatz wird sich ändern je nachdem, ob in direkter oder indirekter Rede von der Äußerung berichtet wird; und so weiter.

Wir werden zu entscheiden versuchen, ob in solchen Berichten das Verb B einen lokutionären, einen illokutionären oder einen perlokutionären Akt bezeichnet. Dazu ist vorweg einmal zu sichern, daß es sich überhaupt um die Bezeichnung einer Handlung handelt. Diese unklare Vorstellung scheint uns zu leiten, wenn wir zögern, die folgenden Berichte als Berichte über einen unserer Sprechakte aufzufassen:

Indem er gesagt hat »Es lebe Frankreich!« hat er sich endgültig als unwürdig erwiesen, ein Preuße zu heißen.

Indem er gesagt hat »Ganz bestimmt«, hat er das Risiko eines Meineids auf sich genommen.

Damit, daß er gesagt hat »Höchstens zwei«, hat er einen Fehler gemacht.

Dadurch, daß er gesagt hat »Im Norden«, hat er seine Amtsverschwiegenheit gebrochen.

Damit, daß er gesagt hat »Höchstens zwei«, hat er den Vorrat im Schuppen vergessen.

Damit, daß er gesagt hat, die seien doch alle gleich, hat er eine sehr wesentliche Unterscheidung außer acht gelassen.

Man könnte versuchen, von einzelnen dieser sehr unterschiedlichen Beispiele auszugehen und nach generellen Kriterien zu suchen, die uns genauer sagen würden, warum es sich hier nicht im Sinne unserer bisher erarbeiteten Vorstellung um Sprechakte handelt. Etwas vergessen oder einen Fehler machen sind keine Handlungen, sondern Mängel an Handlungen; sich als etwas erweisen ist nichts, was man »tut«. Aber das sind sehr unklare Gedanken. Wir können hier nichts weiter tun als diese Fälle außer acht lassen und hoffen, daß sie keinen Anlaß zum Streit geben.

Eine wesentliche Eigenschaft der Sprechakte ist ihr enger Zusammenhang mit der Äußerung, durch die sie vollzogen werden. Das ist der Grund für die normierte Form: die Konjunktionen »indem«, »damit, daß« und »dadurch, daß« drücken derartig enge Zusammenhänge aus. Allerdings gibt es besonders für »indem« in der deutschen Sprache Verwendungen, in denen es keinen derartig engen Zusammenhang ausdrückt. Wir wollen es dahingestellt sein lassen, ob die im folgenden angegebenen Ausdrücke überhaupt korrekt in eine unserer normierten Formen übersetzbar sind; wir fordern nur: Ist der in normierter Form vorliegende Bericht bedeutungsgleich oder annähernd bedeutungsgleich in eine der folgenden Formen übersetzbar, dann stellt er keinen Bericht über einen mit der Äußerung A vollzogenen Sprechakt B dar:

Nachdem er A gesagt hat, hat er ge-B-t.
Während (solange) er A gesagt hat, hat er ge-B-t.
Er hat A gesagt; dabei hat er ge-B-t.

Wir hoffen und gehen im folgenden davon aus, daß normierte Berichte, die in keine dieser Formen übersetzbar sind und auch nicht auf unsere vermischte Liste gehören, tatsächlich Berichte über Sprechakte sind. Wir können dann so tun, als brauchten wir uns nur zwischen den drei Alternativen lokutionär, illokutionär und perlokutionär zu entscheiden. Die im folgenden entwickelten Kriterien sind also nur für den Fall gedacht, daß wir wissen, daß es sich um einen Bericht über einen Sprechakt handelt, aber nicht wissen, über welchen. (Unser wichtigstes Ziel in diesem Zusammenhang ist ja, die illokutionären von den perlokutionären Akten zu unterscheiden.)
Unsere einfachste Aufgabe ist die Aussonderung der Berichte über lokutionäre Akte:

(1) Ein Bericht in normierter Form berichtet über einen mit der Äußerung A vollzogenen lokutionären Akt B, wenn der Teilsatz »hat er ge-B-t« bedeutungsgleich oder annähernd bedeutungsgleich ist mit einem der folgenden Ausdrücke:
hat er geredet von ..., hat er gesprochen über ..., hat er sich bezogen auf ..., hat er gemeint ..., hat er geäußert ..., hat er ausgedrückt ...

Etwa: »Mit meiner Äußerung, ich verabscheute die Katholiken, habe ich nur über die Gegenwart gesprochen.« Lokutionäre Akte zu erkennen ist vergleichsweise einfach. Für Berichte über phonetische Akte und phatische Akte geben wir nicht eigens Kriterien an; Beispiele wären: »Indem ich gesagt habe: ›In meinem Herzen ruhst nur du‹, habe ich die

Laute ›rußt nur du‹ geäußert«; »Indem ich gesagt habe: ›Komm, komm!‹ habe ich Deutsch gesprochen«.

Wenn man sehr dazu neigt, sprachliche Nuancen zu hören, wird man von den drei normierten Formen die »indem«- und die »damit, daß«-Form den illokutionären Akten zuordnen, die »dadurch, daß«-Form den perlokutionären. Illokutionäre Akte sind ja mit der Äußerung erledigt, während zu den perlokutionären noch ein typischer, durch die Äußerung bewirkter Erfolg gehört. Für ein endgültiges Kriterium sind die hier feststellbaren Unterschiede aber zu schwankend, zu uneinheitlich und zu geringfügig. Dennoch kann man von diesen und anderen Konjunktionen Gebrauch machen, und zwar auf die folgende, sich etwas kompliziert anhörende Weise:

(2) Wenn von zwei Berichten in normierter Form der erste sich leichter als der zweite in die linken und schwerer in die rechten, der zweite sich leichter als der erste in die rechten und schwerer in die linken Glieder der folgenden Paare übersetzen läßt, dann ist der erste eher als der zweite ein Bericht über einen illokutionären, der zweite eher als der erste ein Bericht über einen perlokutionären Akt:

Indem er A gesagt hat, hat er ge-B-t	*Dadurch, daß er A gesagt hat, hat er ge-B-t*
Damit, daß er A gesagt hat, hat er ge-B-t	*Dadurch, daß er A gesagt hat, hat er ge-B-t*
Insofern, als er A gesagt hat, hat er ge-B-t	*Dadurch, daß er A gesagt hat, hat er ge-B-t*
Er hat A gesagt; in dieser Form hat er ge-B-t	*Er hat A gesagt; in dieser Weise hat er ge-B-t*
Er hat A gesagt; auf diese Weise hat er ge-B-t	*Er hat A gesagt; mit diesem Mittel hat er ge-B-t*

Auf Grund dieses Kriteriums würde man den Bericht: »Er hat das Linear B gedeutet, indem er gesagt hat, es sei eine Silbenschrift« eher als den Bericht über einen illokutionären

Akt des Deutens auffassen, verglichen mit dem Bericht: »Er hat das Linear B popularisiert, indem er gesagt hat, es sei eine Silbenschrift«; im letzteren Bericht geht es um den perlokutionären Akt des Popularisierens, der mit der Deutung nicht erledigt ist, sondern zu dem gehört, daß Historiker sich dank dieser Feststellung tatsächlich eher an Linear B heranwagen. Als illokutionär stellt sich auch das Ermahnen, verglichen mit dem Aufrütteln, heraus: »Mit den Worten ›Auf, ihr Männer, das Vaterland ist in Gefahr‹ hat er uns ermahnt« gehört in den Paaren auf die linke Seite; auf die rechte dagegen »Mit den Worten ›Auf, ihr Männer, das Vaterland ist in Gefahr‹ hat er uns aufgerüttelt«.
Das Kriterium ist sehr vorsichtig formuliert. Das nächste beruht auf der Vorstellung, daß die benutzten Konjunktionen klar zum Ausdruck bringen, daß die Äußerung A Kriterium des Sprechakts B, nicht Mittel für den typischen Erfolg des Sprechakts B ist, und ist deshalb apodiktischer:

(3) Läßt sich ein Bericht in normierter Form in die folgenden Konstruktionen übersetzen, dann ist er ein Bericht über einen illokutionären Akt:
Er hat A gesagt; also/somit/mithin hat er ge-B-t.
Er hat A gesagt; das heißt, daß er ge-B-t hat.
Er hat ge-B-t; denn er hat A gesagt.
Er hat ge-B-t, da er ja A gesagt hat.

Wenden wir dieses Kriterium etwa aufs Betonen und aufs Übereignen an; auch hier ist es instruktiv, eng damit verwandte perlokutionäre Akte in die Probe einzubeziehen: zum Betonen das Einprägen, zum Übereignen das Verschaffen. Vergleichen wir zunächst die Berichte: »Indem er gesagt hat: ›Ich kann nur wieder und wieder sagen, daß das nicht meine Sache ist‹, hat er betont, daß es ihn nichts angehe«; »Indem er gesagt hat: ›Ich kann nur wieder und wieder sagen, daß das nicht meine Sache ist‹, hat er uns eingeprägt, daß es ihn nichts angehe«. Man kann sagen, daß er es

»also«, »somit«, »mithin« betont hat; denn der Bericht über seine Äußerung genügt als Rechtfertigung für diese Klassifikation seiner Äußerung; ähnlich mit den anderen Formen. Dagegen kann man nach dem Bericht über seine Äußerung nicht fortfahren: »Das heißt, daß er es uns eingeprägt hat.« Das heißt es nämlich überhaupt nicht; es ist ohne weiteres möglich, daß es uns nicht eingeht, mag er es betonen, sosehr er will. (Ähnlich mit den anderen Formen.) Nehmen wir dann zweitens die Berichte: »Dadurch, daß er gesagt hat, er schenke es mir, hat er es mir übereignet« und »Dadurch, daß er gesagt hat, er schenke es mir, hat er es mir verschafft«. (Man kann sich leicht eine Situation denken, in der beide Berichte zutreffen würden.) Er hat gesagt, er schenke es mir: also (somit, mithin) hat er es mir übereignet; denn so etwas sagen heißt übereignen. Ich könnte jederzeit sagen: »Er hat es mir übereignet, denn er hat gesagt (da er ja gesagt hat), er schenke es mir.« Der Bericht über die Äußerung genügt als Begründung für die Übereignungsbehauptung. Nicht so beim Verschaffen! Wenn er mir die Sache durch seine Äußerung »Ich schenke es dir« tatsächlich verschafft hat, so hat doch die Äußerung nicht genügt; ich muß auch die tatsächliche Verfügungsgewalt erlangt haben und nicht bloß den Anspruch. Die *Behauptung*, daß er mir die Sache verschafft habe, kann ich also nicht hinreichend *glaubhaft machen*, indem ich sage, daß er sie mir geschenkt hat; damit gebe ich vielmehr nur eine Teil*erklärung* der *Tatsache*, daß er mir die Sache verschafft hat. Von diesem Gedanken, daß man den illokutionären Akt *an* der Äußerung *erkennt*, den perlokutionären dagegen *mit Hilfe* der Äußerung *bewerkstelligt*, macht das nächste Kriterium Gebrauch:

(4) Ein Bericht in normierter Form ist ein Bericht über einen illokutionären Akt, wenn er in die Formen der Gruppe A und nicht in die Formen der Gruppe B übersetzbar ist; er ist ein Bericht über einen perlokutionären Akt, wenn er in die

Formen der Gruppe B und nicht in die Formen der Gruppe A übersetzbar ist:
A. Daß er ge-B-t hat, bestand darin/erschöpfte sich darin/ergibt sich daraus/ist daran abzulesen/ist daran zu erkennen, daß er A gesagt hat.
B. Er hat A gesagt; auf diese Weise hat er es erreicht/hingekriegt/zuwege gebracht/zustande gebracht/bewerkstelligt/fertiggebracht/geschafft/vollbracht/bewältigt, zu B-en.

Im Unterschied zum Kriterium (2) handelt es sich hier nicht um eine Liste von Paaren, die einzeln durchgeprüft werden und wo das Ergebnis in allen Paaren zur einen oder in allen Paaren zur anderen Seite tendieren muß, sondern um zwei Listen, die jede für sich durchgeprüft werden. So, wie das Kriterium formuliert ist, muß jeder Bericht über einen illokutionären Akt alle A-Umformungen erlauben und darf keine B-Umformungen erlauben, und umgekehrt für die Berichte über perlokutionäre Akte. Möglicherweise wird sich in vielen Fällen herausstellen, daß die Forderung unnötig scharf ist (schon wegen der Bedeutungsunterschiede der Wörter in den B-Formen); trotzdem sollten die Umformungen immer noch deutliche Unterschiede machen.
Dieses Kriterium erlaubt zum Beispiel die Feststellung der feinen Unterschiede zwischen »zu tun befehlen« und »tun lassen« und zwischen »bekanntmachen« und »bekannt machen«. Knöpfen wir uns zuerst das erste Paar vor:

Indem er gesagt hat: »Tu's!«, hat er es ihm befohlen.
Indem er gesagt hat: »Tu's!«, hat er es ihn tun lassen.

Der erste Bericht erlaubt ohne weiteres alle Umformungen der A-Gruppe; die Umformungen der B-Gruppe klingen allesamt abwegig. Sie lassen sich allerdings in einer Weise verstehen: »Er hat gesagt: ›Tu's!‹ Auf diese Weise hat er es geschafft, es ihm zu befehlen.« Was hier geschafft wird, ist offenbar die Äußerung »Tu's«, nicht mit ihrer Hilfe der Befehl. Um solche Deutungen auszuschließen, könnte man die B-Formulierungen ergänzen und sagen: »... hat er es dann geschafft« oder »auch geschafft«. Jedenfalls macht das Kriterium den Unterschied auch so deutlich. Das zweite Paar:

Indem er öffentlich gesagt hat: »Hiermit gebe ich es bekannt«, hat er es bekanntgemacht.

Indem er öffentlich gesagt hat: »Hiermit gebe ich es bekannt«, hat er es bekannt gemacht.

Das Bekanntmachen aus dem ersten Bericht bestand in der öffentlichen Äußerung, es erschöpfte sich darin, mehr war nicht zu tun; daß er etwas bekanntgemacht hat, ist an dieser öffentlichen Äußerung zu erkennen und abzulesen und ergibt sich aus ihr. Es ist nichts, was mit dieser öffentlichen Äußerung eigens zuwege gebracht werden müßte. Wohl dagegen kann man sagen, daß man es mit einer öffentlichen Äußerung fertigbringt, etwas bekannt zu machen; und daß man es bekannt gemacht hat, ergibt sich nicht einfach aus der öffentlichen Äußerung, sondern daraus, daß die Leute es jetzt wissen (sie brauchen ja nicht zuzuhören oder können es rasch vergessen) und daß meine öffentliche Äußerung dafür verantwortlich ist (und nicht die viel fixere Abendzeitung).

Den Gedanken, daß illokutionäre Akte mit der Äußerung gegeben sind, perlokutionäre aber noch zusätzlich etwas verlangen, könnte man zur Formulierung weiterer Kriterien zu verwenden versuchen. Zum Beispiel sollte es bei Berichten über perlokutionäre Akte im Gegensatz zu Berichten über illokutionäre Akte im allgemeinen möglich sein, sinnvolle Ergänzungen hinzuzufügen von der Form: »Es hätte nicht zu klappen brauchen«, »das hätte ihm mit der Äußerung aber auch mißlingen können« und so weiter. Den Bericht: »Indem er gesagt hat ›Dort tanzen die hübschesten Mädchen der Stadt‹, hat er mich gewonnen«, könnte man etwa ergänzen: »Bei meiner schlechten Laune hätte ihm das aber auch mißlingen können.« Was mit meiner Äußerung endgültig geklappt hat, wäre dagegen der illokutionäre Akt, hier zum Beispiel das Empfehlen oder Drängen; und tatsächlich klingt der Bericht in dem Augenblick schief, wo man »mich gewonnen« durch »es mir empfohlen« oder »mich gedrängt« ersetzt und den Satz in der angegebenen Weise zu ergänzen versucht. Es gibt eine ganze Reihe von Wörtern, die man hier für die sprachliche Probe benutzen könnte, zum Beispiel: »mißraten«, »fehlschlagen«, »mißglücken«, »mißlingen«, »scheitern«, »verfehlen«, »nichts daraus werden«, »nicht langen«; oder, mit etwas anderen Ergänzungsformulierungen: »klappen«, »gut ausgehen«, »gelingen«, »Erfolg haben«, »erfolgreich sein«, »ausreichen«, »gehen« (derartige Zusätze wären bei illokutionären Akten *überflüssig*); »vergeblich«, »umsonst«.

Ganz so einfach ist die Sache aber nicht. Wir wissen ja gerade, daß illokutionäre Akte mit der Äußerung nicht in jedem Sinne erledigt sind – zwar hat der Sprecher getan, was er konnte, aber die Möglichkeit von Unglücksfällen bleibt. Der obige Bericht scheint zum Beispiel auch mit der Ergänzung als Bericht über den illokutionären Akt des Drängens sinnvoll, wenn wir an die Möglichkeit eines Unglücksfalles denken, etwa aus der Gruppe (B.1), der Trübungen: »Nur gut, daß er bei ›hübschesten‹ nicht ironisch die Augen verdreht hat, sonst hätte das mit dem Drängen nicht geklappt.« Möglicherweise kann man solche Gegenbeispiele eliminieren – jedenfalls sollte es immer da möglich sein, wo der illokutionäre Akt ein typisches perlokutionäres Ziel hat; denn da wird man eher sagen, es sei kein solcher Akt gewesen, und wird die Frage, ob der Akt klappt (d. h., ob das Drängen, das Empfehlen und so weiter geklappt haben), als Frage nach dem Erfolg des mit der Äußerung unternommenen perlokutionären Aktes auffassen, also als die Frage, ob das typische perlokutionäre Ziel des illokutionären Aktes erreicht worden ist.

Eine weitere Möglichkeit der Unterscheidung wollen wir schließlich nur noch kurz nennen: Wenn die Äußerung getan ist, dann kann es keine weitere *Aufgabe* sein, den illokutionären Akt mit ihr zu vollziehen; beim perlokutionären Akt ist es dagegen durchaus möglich. Zum Beispiel kann außer einer Äußerung, die schon eine Ermahnung darstellen würde (»Nun komm schon!«), noch mehr dazugehören, jemanden aufzumuntern; deshalb wäre der Bericht »Indem er gesagt hat: ›Nun komm schon!‹, hat er mich aufgemuntert« durchaus sinnvoll so zu ergänzen: »Er mußte sich aber ziemlich Mühe geben.« In einer solchen Probe könnte man wiederum zahlreiche Wörter verwenden wie »ermüdend«, »aufreibend«, »bequem«, »einfach«, »leicht«, »beschwerlich«, »schwer«, »mühsam«, »schwierig«, »anstrengend« und so weiter. Bevor man daraus ein Kriterium macht, muß man sich allerdings genauer ansehen, ob man nicht bei gewissen perlokutionären Akten sowieso nicht von Anstrengung und dergleichen (auch zum Beispiel nicht von Geschicklichkeit) reden kann.

Wenn wir versuchen, unsere Kriterien nicht zum Herausfinden von Berichten über illokutionäre und perlokutionäre Akte (also zum Erkennen einzelner Handlungen als solcher Akte) zu benutzen, sondern zur Einteilung der benutzten Verben in illokutionäre und perlokutionäre Verben, dann stoßen wir auf eine Reihe von Verben, die – je nach dem Zusammenhang – sowohl einen illokutionären als auch einen perlokutionären Akt bezeichnen können; wir finden Berichte, die über einen illokutionären Akt, und solche, die mit demselben B-Wort über einen perlokutionären Akt berichten. Wir schließen jetzt unsere Suche nach sprachlichen Kriterien mit einer Reihe von solchen Wörtern ab und geben illokutionäre und perlokutionäre Substitute an. Die Substitute sind nicht gleichbedeutend mit dem illokutionären bzw. perlokutionären Sinn des »mehrdeutigen« Verbums; sie können zum Beispiel allgemeiner oder spezieller sein. Sie geben nur Beispiele dafür ab, was das »mehrdeutige« Verb in der illokutionären und in der perlokutionären Verwendung unter anderem bedeuten kann. Wo ein Fragezeichen steht, fällt es schwer, solche Substitute zu finden; man kann sich jedoch überall mit Umschreibungen behelfen. So kann

»schicken« illokutionär umschrieben werden mit »sagen, daß er gehen soll«, perlokutionär mit »gehen lassen«.

	illokutionär	perlokutionär
aufreizen, anstacheln	drängen	herumkriegen
beschämen, demütigen	?	betroffen machen
herabsetzen	kritisieren	in Mißkredit bringen
des Saales verweisen	?	hinauswerfen
ermuntern	ermahnen	aufmuntern
schicken	?	?
trösten	Trost spenden	beruhigen
locken	?	dazu kriegen
beleidigen, kränken	Beleidigung aussprechen	tief treffen
sich zur Front melden	?	an die Front gehen
schmeicheln	lobhudeln	?
bereden	drängen	überreden
unterstützen	Gründe anführen	plausibel machen
warnen	Warnung aussprechen	aufmerksam machen
sich erbitten	bitten um	erwirken, entlocken

Berichte, die Verben der linken Spalte als B-Verben haben, lassen sich auf Grund unserer Kriterien also bisweilen als Berichte über illokutionäre und auch als Berichte über perlokutionäre Akte deuten. Diese Zweideutigkeit verschwindet jedoch, wenn man hinreichend viel über den Zusammenhang weiß, aus dem der Bericht genommen ist. Der Bericht »Er hat die Truppe nach vorn geschickt, indem er gerufen hat: ›Mir nach!‹« charakterisiert die Äußerung als illokutionär, wenn er aus einem Text stammt, der so weitergeht: »Und dann sind die Leute wirklich nach vorn gegangen.« Er charakterisiert sie dagegen als perlokutionär, wenn er so weitergeht: »Allerdings genügten die Worte nicht, um sie zu schicken; er mußte noch ordentlich Dampf machen.« Legt der Zusammenhang den Bericht nicht in dieser Weise fest, dann ist der Bericht bezüglich der Frage, ob es sich um einen perlokutionären oder um einen illokutionären Akt gehandelt hat, nicht genau genug, und die Frage läßt sich mangels Information nicht entscheiden.

Wenn über die Situation so viel bekannt ist, daß man weiß, ob der Adressat der Äußerung, mit der der Sprechakt vollzogen wird, den Sprecher hätte fragen können »B-st du?« (»Schickst du mich?«), dann hat man damit ein Kriterium für die Entscheidung zur Hand; denn wenn die Frage sinnvoll ist, kann das Verb (hier »schicken«) offensichtlich keinen perlokutionären Akt bezeichnen. »Beleidigen« macht das noch klarer; denn ob der Sprecher den Hörer im perlokutionären Sinne beleidigt, könnte nur der Hörer beantworten, wenn überhaupt jemand. Weiterhin wird das Verb auch dann einen illokutionären Akt bezeichnen, wenn man den Bericht »Indem er A gesagt hat, hat er ge-B-t« ersetzen kann durch den Bericht »Indem er A gesagt hat, hat er versucht, zu B-en«; denn dann wird im zweiten Bericht gewöhnlich das perlokutionäre B stehen, als dessen Versuch das illokutionäre B im ersten Bericht aufgefaßt wird. Allerdings können wir nicht sagen, daß das illokutionäre Verb immer den Versuch eines perlokutionären Aktes bezeichnet, so wie »Gründe anführen« bedeutet »zu überzeugen versuchen« und »Warnungen aussprechen« dasselbe wie »versuchen, aufmerksam zu machen« oder »versuchen, abzuhalten«. Denn erstens gibt es die Unterscheidung zwischen Tun und Versuchen auch beim illokutionären Akt (aus diesem Grunde haben wir den Wortschatz aus dem Umkreis von »glücken« ja nicht für ein explizites Kriterium verwendet); den Versuch, Gründe anzuführen, unterscheiden wir vom Gründe-

Anführen ebenso wie den Versuch zu überzeugen vom Überzeugen. Zweitens gibt es viele illokutionäre Akte, die gar nicht den Versuch eines perlokutionären Aktes darstellen; Versprechen bedeutet zum Beispiel nicht den Versuch, etwas zu tun.

Was auch immer wir uns für sprachliche Tests ausdenken – wir müssen uns darüber klar bleiben, daß sie vorläufig sind, daß sie unsichere Ergebnisse haben können, ja daß sie eine selbstbestätigende Wirkung entfalten können: unsicher, wie unsere Vorstellung von den Sprechakten zumindest in einigen Fällen noch ist, wird jedes einigermaßen klare Kriterium dazu tendieren, unsere Vorstellung mehr oder weniger stark zu verändern.⟩

Wie hängen nun die performativen Äußerungen mit den illokutionären Akten zusammen? Allem Anschein nach haben wir mit einer explizit performativen Äußerung auch einen illokutionären Akt. Wir werden also untersuchen, wie sich (1) die in früheren Vorlesungen für performative Äußerungen getroffenen Unterscheidungen und (2) die Akte unserer drei Typen zueinander verhalten.

Elfte Vorlesung

Ursprünglich sind wir bei unserer Gegenüberstellung von performativer und konstativer Äußerung davon ausgegangen, daß

(1) mit der performativen Äußerung etwas getan und nicht bloß etwas gesagt sein solle; und

(2) die performative Äußerung glückt oder nicht, statt wahr oder falsch zu sein.

Sind diese Unterscheidungen wirklich haltbar? Unsere anschließende Untersuchung von Tun und Sagen hat deutlich auf das Ergebnis hingewiesen, daß ich immer, wenn ich etwas sage (bloße Ausrufe wie »Verdammt!« und »Au!« vielleicht ausgenommen), sowohl lokutionäre als auch illokutionäre Akte vollziehe; und offensichtlich hatten wir versucht, gerade mit Hilfe dieser beiden Akte unter den Namen »Sagen« und »Tun« die konstativen von den performativen Äußerungen zu unterscheiden. Wenn wir ganz generell immer beides tun, wie kann unsere Unterscheidung dann überleben?

Wir wollen den Gegensatz zuerst von der Seite der konstativen Äußerungen her überdenken. Wir haben uns hier mit »Feststellungen« als typischen Beispielen begnügt. Trifft es zu, daß wenn wir etwas feststellen,

(1) wir nicht bloß etwas sagen, sondern darüber hinaus auch etwas tun, und

(2) unsere Äußerung glücken und verunglücken kann (genausogut, wenn Sie so wollen, wie daß sie wahr oder falsch sein kann)?

(1) Feststellungen treffen heißt sicher bis aufs I-Tüpfelchen genauso einen illokutionären Akt verrichten wie etwa warnen oder eine Entscheidung verkünden. Natürlich gehört kein besonderes körperliches Verhalten dazu (abgesehen von den für lautsprachliche Feststellungen nötigen Bewegungen der Sprechorgane); aber das ist, wie wir gesehen haben, beim

Warnen, Protestieren, Versprechen und Taufen nicht anders. »Feststellen« scheint allen Kriterien zu genügen, die wir zur Kennzeichnung des illokutionären Aktes hatten. Schauen Sie sich eine so untadelige Äußerung wie die folgende an:

Damit, daß ich sagte, es regne, habe ich nicht wetten oder argumentieren oder warnen wollen; ich habe es einfach als Tatsache festgestellt.

»Feststellen« liegt hier auf derselben Linie wie Argumentieren, Wetten und Warnen. Ein zweites Beispiel:

Damit, daß ich sagte, das werde zu Arbeitslosigkeit führen, habe ich nicht warnen oder protestieren wollen; ich habe einfach die Tatsachen festgestellt.

Oder um einen anderen Test zu benutzen, den wir auch früher schon benutzt haben:

Ich stelle fest, daß er es nicht getan hat.

Das liegt ohne Zweifel auf derselben Ebene wie:

Ich vertrete die Meinung, daß er es nicht getan hat.
Ich gebe zu bedenken, daß er es nicht getan hat.
Ich wette, daß er es nicht getan hat.

Und so weiter. Wenn ich einfach die primäre, nicht-explizite Äußerung

Er hat es nicht getan

nehme, dann können wir das, was wir mit dieser Äußerung getan haben, explizit machen, also die illokutionäre Rolle der Äußerung genauer kennzeichnen, indem wir eine der vier obigen Äußerungen (oder noch andere) tun; alle erreichen diesen Zweck gleich gut.

Darüber hinaus trifft man mit der Äußerung »Er hat es nicht getan« oft eine Feststellung, und dann ist die Äußerung zweifellos wahr oder falsch (wenn überhaupt etwas, dann *sie*); und man kann wohl nicht sagen, daß sie sich in dieser Hinsicht von »Ich stelle fest, daß er es nicht getan hat« unterscheidet. Wenn jemand sagt: »Ich stelle fest, daß er es nicht getan hat«, dann überprüfen wir die Wahrheit seiner Feststellung in genau derselben Weise, wie wenn er simpliciter sagt »Er hat es nicht getan« und wir diese Äußerung als Feststellung auffassen, was ja oft das Nächstliegende ist. Wer also sagt »Ich stelle fest, daß er es nicht getan hat«, trifft genau dieselbe Feststellung wie jemand, der sagt »Er hat es nicht getan«. Er trifft nicht etwa eine davon verschiedene Feststellung darüber, was »ich« feststelle (Ausnahmen wie das historische Präsens und so weiter ausgenommen). Es ist schon notorisch grob, mir auf meine Äußerung »Ich meine, er hat es nicht getan« zu antworten »Das betrifft bloß Sie«. Dabei *könnte* das tatsächlich eine Feststellung über mich sein, während die Feststellung »Er hat es nicht getan« das nicht sein könnte. Daß wir

(a) mit unserer Äußerung etwas tun und

(b) unsere Äußerung wahr oder falsch ist,

muß also nicht im Widerspruch zueinander stehen. Denken Sie aber schließlich auch an Äußerungen wie »Ich warne Sie, er geht gleich los«. Das ist in ähnlicher Weise erstens eine Warnung; zweitens ist es wahr oder falsch, daß er gleich losgeht. Und das spielt, wenn wir die Warnung beurteilen, ebenso (wenn auch nicht in genau derselben Weise) eine Rolle, wie wenn wir die Feststellung beurteilen.

»Ich stelle fest, daß« bietet sich dem unbewaffneten Auge nicht als grundsätzlich verschieden von »Ich halte daran fest, daß« dar (wer das sagt, hält daran fest, daß ...), auch nicht von »Ich teile Ihnen mit, daß«, »Ich bezeuge, daß« und so weiter. Möglicherweise wird man noch »wesentliche« Unterschiede zwischen solchen Verben begründen können; aber Schritte in dieser Richtung gibt es noch nicht.

(2) Prüfen wir nun auch den zweiten angeblichen Gegensatz von der Seite vermutlich konstativer Äußerungen – und zwar gerade von den Feststellungen – her: performative Äußerungen sollen glücken oder verunglücken, Feststellungen zutreffen oder nicht. Da sehen wir, daß Feststellungen jeder Art von Unglücksfall ausgesetzt *sind,* denen auch die performativen Äußerungen zum Opfer fallen können. Werfen wir also noch einen Blick zurück und untersuchen wir, ob Feststellungen nicht dieselben Schwächen wie zum Bei-

spiel Warnungen haben können, und zwar Schwächen im Sinne dessen, was wir »Unglücksfälle« genannt haben; also die unterschiedlichen Mängel, die eine Äußerung verunglükken lassen, ohne sie jedoch wahr oder falsch zu machen.

Wir haben schon angemerkt, in welchem Sinne meine Feststellung »Die Katze ist auf der Matte« zu verstehen gibt, daß ich glaube, daß die Katze auf der Matte ist. Ganz im selben Sinne gibt meine Äußerung »Ich verspreche, da zu sein« zu verstehen, daß ich vorhabe, da zu sein, und daß ich glaube, da sein zu können. Feststellungen sind also Unglücksfällen vom Typ der *Unredlichkeit* ausgesetzt; und genauso auch dem Unglücksfall der *Inkonsequenz* (Γ.2) in dem Sinne, daß wenn ich sage oder feststelle, daß die Katze auf der Matte ist, ich mich damit darauf festlege, zu sagen oder festzustellen: »Die Matte ist unter der Katze.« Das ist nicht anders, als wenn meine performative Äußerung »Ich definiere X als Y« (im Sinne der Festsetzung) mich darauf festlegt, diese Ausdrücke in Zukunft in bestimmter Weise zu benutzen. Es fällt auf, wie eng das mit solchen Handlungen wie Versprechen zusammenhängt. Das bedeutet, daß Feststellungen den Unglücksfällen Γ.1 und Γ.2 ausgesetzt sind.

Wie steht es nun mit den Unglücksfällen unter A und B, welche den Sprechakt – Warnen, Verpflichtung-Übernehmen und so weiter – null und nichtig machen? Kann eine Äußerung, die nach einer Feststellung aussieht, genauso null und nichtig sein wie ein Vertrag? Die Antwort wird aus ganz wesentlichen Gründen Ja sein müssen. Die ersten Fälle sind A.1 und A.2, wo es keine (keine akzeptierte) Konvention gibt oder wo die Umstände nicht so sind, daß der Sprecher sich auf die Konvention berufen könnte. Feststellungen sind vielen Unglücksfällen dieses Typs ausgesetzt.

Wir haben schon den Fall einer Feststellung genannt, die – wie wir gesagt haben – die Existenz dessen, worüber sie spricht, *voraussetzt*; existiert es nicht, dann geht die »Feststellung« über gar nichts. Manche sagen nun, daß in diesen

Fällen, etwa wo einer behauptet, der gegenwärtige König von Frankreich habe eine Glatze, »die Frage, ob er eine Glatze hat, sich nicht stellt«; man sagt aber besser, daß die angebliche Feststellung null und nichtig ist, ganz wie wenn ich jemandem etwas verkaufen will, das mir nicht gehört oder das verbrannt ist und deshalb nicht mehr existiert. Verträge sind oft nichtig, weil ihre Gegenstände nicht existieren. Man hat dann keinen Anhaltspunkt mehr, worum es in ihnen geht.

Man darf aber auch nicht übersehen, daß »Feststellungen« noch anderen Unglücksfällen dieser Art ausgesetzt sind und auch insoweit Verträgen, Versprechungen, Warnungen und so weiter gleichen. Zum Beispiel können wir oft sagen: »Sie können mir nichts befehlen«, d. h.: »Sie haben mir nichts zu befehlen«; das bedeutet, daß Sie nicht in der richtigen Stellung dafür sind. Ganz genauso gibt es oft Feststellungen, die man einfach nicht treffen kann, die zu treffen man kein Recht hat, die zu treffen man nicht in der (richtigen) Lage ist. Jetzt, in diesem Augenblick, *können* Sie keine Feststellung darüber treffen, wie viele Leute im Raum nebenan sind; wenn Sie sagen »Im Raum nebenan sind fünfzig Leute«, dann kann ich bloß annehmen, daß Sie raten oder eine Vermutung äußern. (Oft wäre es unvorstellbar, daß Sie mir einen Befehl geben, wohl aber, daß Sie mich in sehr unhöflicher Form bitten; genauso raten Sie hier ziemlich abwegig ins Blaue.) Unter anderen Umständen könnten Sie durchaus in der Lage sein, die Feststellung zu treffen; wie steht es aber mit Feststellungen über die Gefühle anderer Leute oder über die Zukunft? Ist eine Voraussage über das Verhalten anderer Leute wirklich eine Feststellung? Es ist wichtig, die Äußerungssituation als ganze zu betrachten.

Wie wir manchmal nicht ernennen, sondern eine vollzogene Ernennung nur bestätigen können, so können wir manchmal nicht feststellen, sondern eine schon getroffene Feststellung nur bestätigen.

Feststellungen können auch an Unglücksfällen vom Typ B,

den Trübungen und Lücken, scheitern. Jemand »sagt etwas, was er eigentlich nicht gemeint hat«; er gebraucht das falsche Wort; er sagt »Die Tatze ist auf der Matte«, wollte aber »Katze« sagen. Derartige Trivialitäten gibt es noch mehr – und so trivial sind sie nicht einmal. Denn man kann solche Fragen allein unter dem Gesichtspunkt der Bedeutung untersuchen (wovon ist die Rede? was wird darüber gesagt?) und sich dann nicht mehr auskennen; dabei sind sie doch eigentlich ganz leicht zu verstehen.

Haben wir uns einmal klargemacht, daß wir *nicht* den Satz, sondern die Äußerung in einer Sprechsituation untersuchen müssen, dann können wir überhaupt nicht mehr übersehen, daß eine Handlung vollzieht, wer eine Feststellung trifft. Darüber hinaus lehrt der Vergleich von Feststellungen mit illokutionären Akten, daß für Feststellungen wie für viele andere illokutionäre Akte die »Sicherung des Verständnisses« wesentlich ist; der Zweifel daran, daß ich etwas festgestellt habe, wo es doch nicht gehört oder verstanden worden ist, unterscheidet sich nicht vom Zweifel daran, daß ich *sotto voce* gewarnt oder protestiert habe, wenn niemand es als Protest aufgefaßt hat und so weiter. Und Feststellungen »haben Ergebnisse« genausogut wie etwa Taufen: wenn ich etwas festgestellt habe, dann lege ich mich damit auf andere Feststellungen fest – andere Feststellungen, die ich treffe, gehen dann in Ordnung oder nicht. Und einige Feststellungen oder Bemerkungen von anderer Seite werden mir dann in Zukunft widersprechen oder nicht, mich widerlegen oder nicht und so weiter. Feststellungen fordern möglicherweise zu keiner typischen Antwort oder Reaktion auf; aber das ist sowieso nicht für alle illokutionären Akte wesentlich. Und selbstverständlich können wir damit, daß wir Feststellungen treffen, alle möglichen perlokutionären Akte vollziehen.

Mit gewisser Plausibilität könnte man allenfalls behaupten, daß Feststellen – anders als Mitteilen, Begründen und so weiter – kein charakteristisches perlokutionäres *Ziel* habe.

Daß Feststellen in dieser Hinsicht vergleichsweise rein ist, kann ein Grund dafür sein, daß wir den Feststellungen eine vergleichsweise hervorgehobene Stellung einräumen. Aber das wäre bestimmt keine Rechtfertigung dafür, »Beschreibungen« (soweit das Wort richtig gebraucht wird) einen ähnlichen Vorrang einzuräumen, und trifft übrigens auf viele illokutionäre Akte zu.

Betrachten wir die Angelegenheit nun von der Seite der performativen Äußerungen, dann sind wir möglicherweise immer noch davon überzeugt, daß ihnen etwas fehle, was die Feststellungen haben; wenn auch das Umgekehrte, wie wir gesehen haben, nicht gilt. Natürlich bestehen performative Äußerungen nebenbei auch darin, daß man etwas sagt, nicht nur darin, daß man etwas tut; aber es drängt sich uns doch geradezu auf, daß sie nicht in der Weise wie Feststellungen zutreffen oder nicht. Wir glauben hier eine Dimension zu sehen, in der wir die konstative Äußerung beurteilen, kritisieren, begutachten (falls sie die Vorbedingung erfüllt, daß sie geglückt ist) und die bei nicht-konstativen, d. h. performativen Äußerungen keine Rolle spielt. Setzen wir einmal voraus, daß die Äußerungssituation in all diesen Hinsichten in Ordnung sein muß, damit mein Unternehmen, eine Feststellung zu treffen, Erfolg hat; habe ich sie getroffen, dann stellt sich doch *die* Frage, ob meine Feststellung zutrifft oder nicht? Und das, meinen wir, ist nun die Frage, die man gemeinhin so ausdrückt: ob die Feststellung »den Tatsachen entspricht«. Das scheint mir korrekt; wenn man sagt, die Wendung »trifft zu« oder »ist wahr« gebrauchen heiße soviel wie bestätigen oder dergleichen, dann nützt das gar nichts. Wir haben hier also eine neue Dimension, in der wir die geglückte Feststellung beurteilen. Aber:

(1) Lassen sich nicht viele geglückte Äußerungen, die ganz typisch performativ aussehen, geradeso objektiv beurteilen – wenigstens in vielen Fällen?

(2) Haben wir es uns mit den Feststellungen nicht etwas zu einfach gemacht?

Einen unübersehbaren Hang zu Wahrheit oder Falschheit zeigen zum Beispiel die verdiktiven Sprechakte, wie Schätzen, Für-Recht-Erkennen und Entscheiden. Wir können

richtig oder falsch	schätzen,	daß es halb drei ist;
zu Recht oder zu Unrecht	für Recht erkennen,	daß er schuldig ist;
korrekt oder inkorrekt	entscheiden,	daß der Ball aus ist.

⟨Von »wahr« werden wir bei verdiktiven Äußerungen zwar kaum sprechen, aber durchaus von »zutreffend«; und umgekehrt sagen wir, daß man etwas »korrekt« oder »zu Recht« feststellt.⟩
Eine weitere Parallele haben wir zwischen schlüssigem oder zwingendem Ableiten und Begründen und zutreffenden Feststellungen. Die Frage ist nicht damit erledigt, daß er eine Begründung oder Ableitung geliefert hat; es kommt auch darauf an, ob er es durfte und ob er Erfolg hatte. Man kann berechtigt und unberechtigt warnen und gut oder schlecht raten. Ähnliche Fragen kann man stellen, wenn jemand lobt, tadelt oder beglückwünscht. Tadel ist zum Beispiel nicht am Platz, wenn man selbst so etwas getan hat; und man kann immer die Frage stellen, ob Lob, Tadel oder Glückwunsch verdient waren oder nicht. Man kann nicht einfach sagen: »Ich habe ihn getadelt« und glauben, damit wäre Schluß – schließlich wird eine Handlung einer anderen nicht grundlos vorgezogen. Die Frage, ob Lob und Tadel verdient sind, ist etwas ganz anderes als die Frage, ob sie gelegen kommen; eine Unterscheidung, die man auch beim Ratgeben treffen kann. Ob man einen Rat gut oder schlecht nennt und ob man sagt, er komme gelegen oder ungelegen, ist zweierlei, wenn es auch für die Güte eines Ratschlags wesentlicher ist, wann er gegeben wird, als für die Berechtigung eines Tadels, wann er ausgesprochen wird.
Können wir wirklich sagen, die Beurteilung einer Feststel-

lung als zutreffend sei sui generis und sei etwas ganz anderes als die Beurteilung einer Begründung als zwingend, eines Ratschlags als gut, eines Urteils als gerecht und eines Tadels als verdient? Haben nicht auch diese in verwickelter Weise etwas mit Tatsachen zu tun? Dasselbe gilt auch für exerzitive Äußerungen wie Benennen, Einstellen, Vermachen und Wetten. Tatsachen und unser Wissen oder unsere Meinung über sie spielen eine Rolle.

Natürlich werden dauernd Versuche gemacht, solche Unterscheidungen zu treffen. Ob Begründungen zwingend seien (falls es sich nicht um »gültige« deduktive Argumentationen handelt) und ob Tadel verdient sei, das sollen keine objektiven Fragen sein; oder man rät uns, bei der Warnung zwischen der »Feststellung«, daß der Stier gleich losgehe, und dem Warnen selbst zu unterscheiden. Überlegen Sie aber auch einmal, ob die Frage nach dem Zutreffen einer Feststellung so furchtbar objektiv ist. Wir fragen: »Ist die Feststellung *genau*?« Und sind Argumente und Begründungen für Feststellungen und Aussagen so grundverschieden von Argumenten und Begründungen für performative Akte wie Behauptungen, Warnungen und Entscheidungen? Ist also die konstative Äußerung immer wahr oder falsch? Wenn wir eine konstative Äußerung an den Tatsachen messen, benutzen wir für ihre Beurteilung eine große Menge von Ausdrücken, von denen wir viele auch zur Beurteilung von performativen Äußerungen benutzen. Versetzt man konstative Äußerungen nicht in die einfachen Situationen, wie die Logik sie kennt, sondern ins wirkliche Leben, dann kann man nicht immer einfach sagen, daß sie wahr oder falsch wären.

Stellen wir zum Beispiel »Frankreich ist sechseckig« den Tatsachen gegenüber, d. h. in diesem Falle Frankreich; ist das wahr oder falsch? Schön, bis zu einem gewissen Grade, wenn Sie so wollen; wenn Sie in gewissen Zusammenhängen sagen, es sei wahr, dann kann ich natürlich verstehen, was Sie meinen. Es reicht vielleicht für einen Dreisternegeneral, aber nicht für einen Geographen. »Es ist natürlich ziemlich grob«, würden wir sagen, »und recht gut für eine recht grobe Feststellung.« Und dann kommt einer und sagt: »Aber ist es wahr oder falsch? Mich schert nicht, ob es grob ist oder nicht, nein, es muß doch wahr oder falsch sein – Feststellungen treffen doch zu oder nicht, oder?« Was soll man auf diese Frage antworten – ob es wahr oder falsch ist, daß Frankreich sechseckig ist? Es ist eben eine grobe Feststellung; und das ist die richtige und endgültige Antwort, wenn jemand nach der Beziehung zwischen »Frankreich ist sechseckig« und Frankreich fragt. Es ist eine grobe Beschreibung, keine zutreffende oder unzutreffende.

Was das Zutreffen von Feststellungen angeht, sind außerdem – ganz wie bei der Frage, ob ein Rat gut ist – Ziel und Zweck und der ganze Zusammenhang der Äußerung von Bedeutung; Sätze, die man in einem Schulbuch für wahr erachtet, wird man in einer historischen Untersuchung nicht unbedingt ebenso beurteilen. Nehmen Sie die konstative Äußerung »Lord Raglan hat die Schlacht von Alma gewonnen« und bedenken Sie dabei, daß die Schlacht von Alma eine Schlacht der Soldaten war (wenn je eine Schlacht es war, dann sie) und daß seine Befehle einige seiner Untergebenen nie erreicht haben. Hat Lord Raglan also die Schlacht von Alma gewonnen oder nicht? In manchen Zusammenhängen, für ein Schulbuch etwa, kann man diese Behauptung ohne weiteres rechtfertigen – eine Übertreibung, gewiß, und niemand würde Lord Raglan dafür einen Orden verleihen. So grob wie »Frankreich ist sechseckig«, so übertrieben ist »Lord Raglan hat die Schlacht von Alma gewonnen«; brauchbar in einem Zusammenhang, nicht unbedingt im anderen. Es wäre witzlos, auf der Wahrheit oder Falschheit des Satzes zu bestehen.

Drittens können wir uns fragen, ob es wahr oder falsch ist, daß alle Schneegänse nach Labrador ziehen, und zwar unter der Voraussetzung, daß vielleicht eine verstümmelt ist und die Wanderung manchmal nicht ganz schafft. Angesichts solcher Probleme haben viele mit einer gewissen Berechtigung behauptet, daß Äußerungen, die mit »Alle ...« anfangen, definitorische Vorschläge sind oder Regeln befürworten. Aber was für eine Regel? Auf diese Vorstellung verfällt man zum Teil deshalb, weil man verkennt, worüber solche Feststellungen gehen: nämlich nur über Bekanntes. Wir können nicht so ohne weiteres behaupten, die Wahrheit von Feststellungen hänge von den Tatsachen ab (und nicht von unserem Wissen über die Tatsachen). Denken Sie sich, X sage vor der Entdeckung Australiens: »Alle Schwäne sind weiß.« Ist er des Irrtums überführt, wenn man später in Australien schwarze Schwäne findet? Ist seine Feststellung jetzt falsch? Nicht unbedingt; er wird sie zurückziehen, aber er könnte sagen: »Ich habe nichts über Schwäne überhaupt und wer weiß nicht wo gesagt; ich habe ja auch keine Feststellung über mögliche Schwäne auf dem Mars getroffen.« Worüber man spricht, hängt davon ab, was man zur Zeit der Äußerung weiß.

Ob Feststellungen zutreffen oder nicht, hängt auch davon ab, was sie auslassen und was sie berücksichtigen und ob sie irreführen und so weiter. Beschreibungen, von denen man sagt, sie seien wahr oder falsch, die, wenn Sie so wollen, »Feststellungen« sind, können zum Beispiel in dieser Weise kritisiert werden, da sie auswählen müssen und zu einem bestimmten Zweck geäußert werden. Man muß sich unbedingt klarmachen, daß »wahr« und »falsch« – wie »frei« und »unfrei« – gar nicht für irgend etwas Einfaches stehen; sie stehen für eine allgemeine Dimension, in der eine Äußerung unter diesen Umständen, mit diesem Adressaten, zu diesen Zwecken und mit diesen Absichten die richtige, passende Äußerung (und nicht die falsche Äußerung) sein kann.

Allgemein können wir folgendes sagen: Sowohl bei Feststellungen (etwa auch Beschreibungen) *als auch* bei Warnungen und so weiter kann, vorausgesetzt daß man wirklich gewarnt hat und das Recht zu warnen hatte, daß man wirklich festgestellt hat, daß man wirklich einen Rat gegeben hat, die Frage gestellt werden, ob man *zu Recht* festgestellt, gewarnt, einen Rat gegeben hat – nicht in dem Sinne, ob das gelegen kam oder nützlich war, sondern ob die Äußerung angesichts der Tatsachen, angesichts unseres Wissens von den Tatsachen, angesichts der Absicht hinter der Äußerung und so weiter die richtige Äußerung war.

Das ist nun nicht etwa die pragmatistische Theorie, nach der die Wahrheit das ist, womit man arbeiten kann und so weiter; sondern ob eine Feststellung zutrifft oder nicht, hängt nicht nur davon ab, was die Wörter bedeuten, sondern auch davon, welche Handlung man mit der Äußerung unter welchen Umständen vollzogen hat.

Was bleibt dann letzten Endes von der Unterscheidung zwischen performativer und konstativer Äußerung? Wir können sagen, daß es uns dabei im Grunde um folgendes gegangen ist:

(a) Bei der konstativen Äußerung sehen wir von den illokutionären (und erst recht von den perlokutionären) Aspekten des Sprechaktes ab und beschränken uns auf den lokutionären. Darüber hinaus ist unsere Vorstellung von der Entsprechung zu den Tatsachen zu einfach – zu einfach, weil für sie in Wahrheit der illokutionäre Aspekt wesentlich ist. Wir streben nach einer idealen Äußerung, die unter allen Umständen, zu jedem Zweck, mit jedem Adressaten richtig wäre. Vielleicht erreicht man so etwas bisweilen.

(b) Bei der performativen Äußerung achten wir so ausschließlich wie möglich auf ihre illokutionäre Rolle und lassen die Dimension der Entsprechung zu den Tatsachen beiseite.

Vielleicht ist keine von beiden Abstraktionen zu sehr viel nütze; vielleicht haben wir hier in Wahrheit keine zwei Pole, sondern eine historische Entwicklung. In gewissen Fällen mögen wir uns solchen Dingen im wirklichen Leben nähern – Gleichungen in Physiklehrbüchern als konstative Äußerungen, einfache Befehle oder Namensgebungen als performative Äußerungen. Beispiele dieser Art, »Ich bitte um Entschuldigung« oder, als Äußerung ohne erkennbaren Zweck, »Die Katze ist auf der Matte«, extreme Grenzfälle also, haben zur Vorstellung von zwei verschiedenen Äußerungstypen geführt. In Wahrheit muß unser Ergebnis statt dessen sein, daß wir (a) zwischen lokutionären und illokutionären Akten unterscheiden müssen und (b) für alle Typen von illokutionären Akten gesondert und sorgfältig untersuchen müssen, ob und in welcher besonderen Weise diese Warnungen, Schätzungen, Urteile, Feststellungen und Beschreibungen in Ordnung sein und zweitens »richtig« sein können oder nicht. Wir müssen untersuchen, welche Ausdrücke man im Einzelfall zur Beurteilung benutzt und was sie bedeuten. Das ist ein weites Feld; und sicher kommt kein simpler Unterschied zwischen »wahr« und »falsch« heraus. Es wird auch kein Unterschied zwischen Feststellungen und dem ganzen Rest herauskommen; denn Feststellen ist nur einer von überaus vielen illokutionären Sprechakten.

Der lokutionäre Akt ist wie der illokutionäre im allgemeinen eine bloße Abstraktion; jeder echte Sprechakt ist beides. (In ähnlicher Weise sind phatischer und rhetischer Akt und so weiter bloße Abstraktionen.) Kriterien für die Unterschiede zwischen den abstrahierten »Akten« sind die möglichen Fehler zwischen Lipp' und Kelchesrand; in diesem Fall die unterschiedlichen Arten von Unsinn, die wir mit der Sprechhandlung hervorrufen können. Erinnern wir uns an dieser Stelle daran, was wir in der ersten Vorlesung über die Unterscheidung verschiedener Arten von Unsinn gesagt haben.

Zwölfte Vorlesung

Zahlreiche Fragen sind offengeblieben, und mehr als eine kurze Zusammenfassung können wir uns nicht gönnen, bevor wir weiterschürfen. Wie hat die Unterscheidung zwischen »konstativen« und »performativen« Äußerungen im Lichte unserer neuen Theorie ausgesehen? Ganz allgemein haben wir für alle untersuchten Äußerungen (Fluchen vielleicht ausgenommen) folgendes gefunden:

(1) Die Dimension von Glücken und Verunglücken,
(1a) eine illokutionäre Rolle,
(2) die Dimension von Wahrheit und Falschheit,
(2a) eine lokutionäre Bedeutung (es wird von etwas gesprochen und darüber etwas gesagt).

Die Lehre von der Unterscheidung zwischen performativen und konstativen Äußerungen verhält sich zur Lehre von den lokutionären und illokutionären Akten im Sprechakt wie die *spezielle* zur *generellen* Theorie. Und die generelle Theorie erweist sich ganz einfach deshalb als notwendig, weil die traditionelle »Feststellung« oder »Aussage« ebenso eine Abstraktion, ein Leitbild ist wie ihre traditionelle Wahrheit oder Falschheit. In dieser Frage habe ich allerdings nicht mehr tun können, als ein paar hoffnungsvolle Feuerwerke abzubrennen. Zu der Moral, auf die es mir besonders ankommt, gehören vor allem die folgenden Punkte:

(A) Letzten Endes gibt es *nur ein wirkliches* Ding, um dessen Klärung wir uns bemühen, und das ist der gesamte Sprechakt in der gesamten Redesituation.

(B) Feststellen, Beschreiben und so weiter sind *bloß zwei* Namen unter vielen anderen für illokutionäre Akte; sie haben keine einzigartige Stellung.

(C) Nicht einzigartig ist ihre Stellung insbesondere, was ihr Verhältnis zu den Tatsachen angeht. Es besteht nicht in einer einheitlichen Beziehung namens »wahr oder falsch sein«; denn Wahrheit und Falschheit sind (abgesehen vom Fall der für bestimmte Zwecke gerechtfertigten, immer möglichen, künstlichen Abstraktion) keine Namen für Beziehungen, Eigenschaften oder dergleichen, sondern für eine Dimension der Beurteilung – wie nämlich die Äußerung vor dem Anspruch besteht, den Tatsachen, Ereignissen, Situationen und so weiter, mit denen sie zu tun hat, zu genügen.

(D) Aus demselben Grunde muß der vertraute Gegensatz zwischen »normativ« (oder »wertend«) und »faktisch« wie so viele andere Dichotomien beseitigt werden.

(E) Man darf vermuten, daß in einer Theorie, die »Bedeutung« darin sieht, daß über etwas gesprochen und darüber etwas gesagt wird, allerhand auszujäten ist: man wird mit Hilfe der Unterscheidung zwischen lokutionären und illokutionären Akten neu formulieren müssen (*falls diese Unterscheidung in Ordnung ist*; wir haben sie nur angedeutet). Ich gebe zu, daß hier noch nicht genug getan ist; diese alte Bedeutungstheorie habe ich als eine Art herrschender Meinung benutzt. Ich möchte auch betonen, daß ich die illokutionäre Rolle von Feststellungen keineswegs gesondert untersucht habe.

Wir haben gesagt, daß uns noch eine weitere Arbeit offenbar bevorstehe, und zwar wird das eine Sache ausgedehnter Feldforschung. Wir brauchen nämlich, haben wir früher gemeint, eine Liste von »explizit performativen Verben«; im Lichte der allgemeineren Theorie sehen wir nun, daß wir statt dessen eine Liste der *illokutionären Rollen* von Äußerungen brauchen. Dabei wird die alte Unterscheidung zwischen *primär* und *explizit* performativen Äußerungen den Übergang von der performativ-konstativ-Unterscheidung zur Theorie der Sprechakte unbeschädigt überstehen. Denn wir können mittlerweile mit gutem Grund vermuten, daß die zur Ermittlung von *explizit performativen Verben* vorgeschlagenen Tests (»... sagen heißt ... tun« und so weiter) durchaus und sogar besser funktionieren werden, wenn es um die Ermittlung derjenigen *Verben* geht, *die die illokutionäre Rolle* einer Äußerung *explizit machen* (wie wir jetzt sagen), die also klarmachen, welchen illokutionären Akt wir mit der Äußerung vollziehen. *Nicht* überstehen wird den Übergang die Vorstellung von rein performativen Äußerungen (sie wird uns allenfalls einen Grenzwert angeben); und das kann uns kaum überraschen, denn diese Vorstellung hat uns von Anfang an Schwierigkeiten gemacht. Sie beruhte auf dem Glauben an die Dichotomie zwischen performativen und konstativen Äußerungen; und wir sehen jetzt, daß wir diese Dichotomie zugunsten von größeren *Familien* verwandter und einander überlappender Sprechakte fallenlassen müssen. Und eben da hinein müssen wir jetzt Ordnung zu bringen versuchen.

Wenn wir also – vorsichtig – den einfachen Test mit der ersten Person Singular Indikativ Präsens Aktiv benutzen und das Wörterbuch (ein kurzgefaßtes tut's) offenen Sinnes durchgehen, dann bekommen wir eine Liste mit einer Zahl von Verben, die in der Größenordnung der dritten Potenz von 10 liegt[41]. Ich habe gesagt, ich würde eine allgemeine, vorläufige Klassifikation versuchen und einige Anmerkungen zu den vorgeschlagenen Einteilungen machen. Also los. Es wird bloß eine tour d'horizon, oder vielmehr eine tour de force.

Ich unterscheide fünf größere Klassen; aber ich bin durchaus nicht mit allen gleich glücklich. Sie reichen immerhin aus, um zwei Fetische fertigzumachen, die fertigzumachen ich eine heftige Neigung verspüre, nämlich (1) den wahr/falsch-Fetisch und (2) den Sein/Sollen-Fetisch. Ich teile also die Äußerungen nach ihren illokutionären Rollen ein und gebe den Klassen die folgenden, mehr oder weniger barbarischen Namen:

41. Warum dieser Ausdruck statt »1000«? Erstens sieht er eindrucksvoll und wissenschaftlich aus; zweitens geht er von 1000 bis 9999 – ein guter Spielraum –, während man den anderen im Sinne von »ungefähr 1000« verstehen könnte, was ein zu enger Spielraum wäre.

(1) Verdiktive Äußerungen
(2) Exerzitive Äußerungen
(3) Kommissive Äußerungen
(4) Konduktive Äußerungen[42]
(5) Expositive Äußerungen

Wir gehen sie der Reihe nach durch; aber vorher möchte ich Ihnen von allen eine ungefähre Vorstellung vermitteln.

Die Paradebeispiele für verdiktive Äußerungen sind, wie der Name sagt, Urteile einer Jury oder eines Schiedsrichters (typischer noch eines Linienrichters). Sie brauchen aber nicht endgültig zu sein; hierher gehören zum Beispiel auch Schätzen, Bewerten, Taxieren. Im wesentlichen handelt es sich darum, über eine Frage zu entscheiden – sie betreffe Werte oder Tatsachen –, über die man aus unterschiedlichen Gründen nur schwer Gewißheit erlangen kann.

Mit den exerzitiven Äußerungen übt man Macht, Rechte oder Einfluß aus. Hierher gehören zum Beispiel Ernennen, Stimmen (für), Anweisen, Drängen, Ratgeben, Warnen und so weiter.

Typische kommissive Äußerungen sind Versprechen oder sonstiges Übernehmen von Verpflichtungen; man legt sich damit auf Handlungen fest. Willens- und Absichtserklärungen, die noch keine Versprechen sind, gehören ebenfalls dazu, und auch Dinge, die nichts recht Genaues sind, nennen wir sie Parteinahmen, wie Sichanschließen. Die Zusammenhänge zu den verdiktiven und exerzitiven Äußerungen sind deutlich.

Die konduktiven Äußerungen bilden eine sehr gemischte Gruppe; sie haben mit Einstellungen und *Verhalten in der Gesellschaft* zu tun. Beispiele wären Sichentschuldigen, Beglückwünschen, Empfehlen, Beileid-Aussprechen, Verwünschen und Herausfordern.

Die expositiven Äußerungen sind schwer zu definieren. Sie

42. Engl. »behabitives«; Austin dazu: »A shocker this«. Der Terminus hat im Gegensatz zu den anderen vier nur eine englische, nicht auch eine lateinische Wurzel. Er mußte fürs Deutsche ersetzt werden. (v. S.)

machen klar, welchen Platz unsere Äußerungen in einer Unterhaltung oder Diskussion haben, wie wir unsere Worte gebrauchen; allgemein gesprochen, verdeutlichen sie. Beispiele wären: »Ich antworte«, »Ich behaupte«, »Ich räume ein«, »Ich gebe ein Beispiel«, »Ich nehme an«, »Ich setze voraus«. Wir müssen uns von vornherein darüber klar sein, daß es zahllose unklare Fälle, zahllose Grenzfälle und Überschneidungen geben kann.

Die beiden letzten Klassen machen mir die größten Schwierigkeiten; ich halte es für ganz gut möglich, daß sie nicht klar definiert sind oder daß dabei zwei verschiedene Einteilungen durcheinanderlaufen; vielleicht muß die Einteilung ganz neu gemacht werden. Ich will hier keinerlei endgültige Vorschläge machen. Die konduktiven Äußerungen machen Schwierigkeiten, weil sie überhaupt zu heterogen aussehen; die expositiven deshalb, weil sie unglaublich zahlreich und wichtig sind, und weil sie einerseits zu den anderen Klassen zu gehören scheinen und andererseits in einer Weise einzigartig sind, die ich mir selbst noch nicht habe klarmachen können. Man könnte mit einigem Grund behaupten, daß all meine Klassen an all diesen Fehlern leiden.

1. Verdiktive Äußerungen; einige Beispiele:

⟨beurteilen	diagnostizieren
(als etw.) bestimmen	deuten
einordnen	auslegen
(zu etw.) rechnen	ich fasse es so auf[43]
(an einem Ort) lokalisieren	(so und so) lesen
(auf einen Zeitpunkt) datieren	ich messe

43. Die Listen enthalten zum weitaus größten Teil Bezeichnungen (von illokutionären Rollen), die explizit performativ verwendbar sind, daneben jedoch auch Erste-Person-Singular-Indikativ-Präsens-Aktiv-Formen, die nicht explizit performativ verwendbar sind, da das Verb keine illokutionäre Rolle bezeichnet. Sie werden hier in der genannten grammatischen Form wiedergegeben, die Bezeichnungen von illokutionären Rollen dagegen im Infinitiv. (v. S.)

ich errechne
veranschlagen
(als etw.) kennzeichnen
(für etw.) erklären
für Recht befinden
(auf etw.) erkennen
freisprechen
schuldig sprechen
(jdm. etw.) vorwerfen
(jdn. für etw.) verantwortlich machen
(jdn./etw. neben/über/unter jdn./etw.) stellen
einstufen
einschätzen
(auf etw.) schätzen
taxieren
(als etw./so und so) bewerten
entscheiden
festsetzen⟩

Weitere Beispiele bieten Charakterbeurteilungen wie »Ich möchte ihn fleißig nennen«.
Verdiktive Äußerungen bestehen darin, daß über Werte oder über Tatsachen (soweit sie unterscheidbar sind) auf Grund von Beweismaterial oder Argumenten ein amtliches oder nichtamtliches Urteil abgegeben wird. Die verdiktive Äußerung ist – im Gegensatz zu Akten des Gesetzgebers und der Exekutive, die, soweit Äußerungen, exerzitiv sind – ein richterlicher Akt, sofern der Richter nicht über die Aufgabe der Jury hinausgeht; es gibt richterliche Akte, die darüber hinausgehen, und insoweit sind sie nicht mehr verdiktiv. Über die Fragen, wie gut das Urteil begründet und ob es billig ist, hängen verdiktive Äußerungen deutlich mit Wahrheit und Falschheit zusammen. Daß der Inhalt eines Urteils wahr oder falsch ist, zeigt sich zum Beispiel in einem Streit über das »Aus«, »Tor« oder »Foul« des Schiedsrichters.

Vergleich mit exerzitiven Äußerungen
Urteile des Richters können Recht schaffen wie Gesetze. Der Spruch der Jury schafft einen überführten Übeltäter. Gibt der Schiedsrichter »Aus« oder »Tor« oder »Foul«, dann ist der Ball aus, gibt es ein Tor, war es ein Foulspiel. Das Urteil wird kraft der amtlichen Stellung gefällt; nichtsdestoweniger soll es richtig sein, zutreffen, angesichts der Tatsachen

gerechtfertigt werden können, und läuft es Gefahr, falsch zu sein, nicht zuzutreffen, nicht gerechtfertigt werden zu können. Es ist keine Entscheidung, bei der eines dem anderen vorgezogen wird. Wenn Sie so wollen, ist das richterliche Urteil auch exekutiv; aber wir müssen die exekutive Äußerung »Du sollst es haben« von dem Urteil »Es gehört dir« unterscheiden; genauso müssen wir unterscheiden zwischen dem Berechnen und dem Anerkennen von Schadenersatzansprüchen.

Vergleich mit kommissiven Äußerungen

Im Recht haben Urteile Rechtswirkungen für uns und andere. Und wenn wir ein Urteil fällen oder eine Schätzung abgeben, so legt uns das für die Zukunft auf ein bestimmtes Verhalten fest, jedenfalls darauf, daß wir uns konsequent verhalten. Es legt uns vielleicht noch mehr fest, als jeder Sprechakt das sowieso tut; wir mögen sogar wissen, worauf es uns festlegt. So legt uns ein bestimmtes Urteil auf die Anerkennung von Schadenersatzansprüchen fest. Genauso kann eine bestimmte Deutung der Tatsachen uns auf ein bestimmtes Urteil oder eine bestimmte Einschätzung festlegen. Wer urteilt, wird bisweilen damit auch Partei ergreifen; er mag sich damit darauf festlegen, für jemanden aufzustehen, ihn zu verteidigen und so weiter.

Vergleich mit konduktiven Äußerungen

Zum Glückwunsch kann ein Urteil über Wert oder Charakter gehören. Oder: Vorwerfen kann ein verdiktiver Sprechakt sein, soweit es darum geht, jemanden verantwortlich zu machen; anderseits bezieht man damit eine bestimmte Haltung gegenüber der Person, und insoweit ist es ein konduktiver Sprechakt.

Vergleich mit expositiven Äußerungen

Wenn ich sage: »Ich deute das so«, »Ich bestimme das als ...«, »Ich kennzeichne das als ...«, »Ich charakterisiere das so«, dann urteile ich damit in gewisser Weise. Aber diese Äußerungen hängen wesentlich mit weiteren Äußerungen und mit der Klärung unserer Ausführungen zusammen. ⟨»Ich bestimme als Wert des Bildes DM 2000« muß unterschieden werden von »Ich bestimme als ›Wert‹ eines Bildes seinen wahrscheinlichen Verkaufspreis«; das erste ist ein Urteil dank festliegendem Wortgebrauch, das zweite kann als Urteil über den Wortgebrauch benutzt werden. Ähnlich unterscheidet sich »Das würde ich feige nennen« als Urteil, das den feststehenden Wortgebrauch benutzt, von dem folgenden Urteil über den Wortgebrauch: »Das würde ich ›feige‹ nennen (und nicht ›hinterlistig‹).«⟩

2. Exerzitive Äußerungen

Eine exerzitive Äußerung besteht darin, daß man für oder gegen ein bestimmtes Verhalten entscheidet oder spricht. Sie ist eine Entscheidung, daß etwas so und so sein solle, und kein Urteil, es sei so; sie ist Befürwortung im Unterschied zur Bewertung; sie ist Anerkenntnis im Unterschied zur Berechnung; sie ist Strafausspruch im Unterschied zum Schuldspruch. Richter und Schiedsrichter benutzen sowohl exerzitive als auch verdiktive Äußerungen. Exerzitive Äußerungen können zur Folge haben, daß andere »verpflichtet« oder »ermächtigt« oder »nicht befugt« sind, gewisse Dinge zu tun. Beispiele aus der sehr umfangreichen Klasse:

⟨befehlen
bestimmen
anweisen
beauftragen
untersagen
verbieten
(Gesetz usw.) erlassen
(Steuern usw.) auferlegen
verordnen
verfügen
vorschreiben
übertragen
anvertrauen
(zu etw.) verurteilen
(mit Buße usw.) belegen
ächten
verzeihen
begnadigen

(Vollstreckung usw.) aussetzen
(Verfahren usw.) einstellen
erlauben
bewilligen
gewähren
schenken
vermachen
überlassen
widmen
(zu etw.) wählen
(für/zu etw.) bestimmen
ernennen
(in ein Amt usw.) einsetzen
absetzen
entlassen
(Besitz usw.) aufgeben
zurücktreten
vorschlagen
(zu etw.) raten
empfehlen
befürworten
(etw.) verurteilen
tadeln
rügen
billigen
anerkennen
(für/gegen etw.) stimmen
(eine Sache) vertreten
plädieren
darauf bestehen, daß
abraten
warnen
Einspruch erheben
Veto einlegen
sich entscheiden
beschließen
bitten
(in jdn.) dringen
anflehen
bestürmen
fordern
verlangen
ermahnen
(um etw.) beten
Antrag stellen
beanspruchen
beschlagnahmen
bestellen
verzichten
(den Krieg usw.) erklären
(für eröffnet usw.) erklären
(Waffenstillstand usw.) ausrufen
(jdn. zu etw.) ausrufen
nominieren
Namen geben
(an jdn.) verweisen
aufheben
absagen
abbestellen
außer Kraft setzen⟩

Vergleich mit verdiktiven Äußerungen

»Ich entscheide so«, »Ich fasse das so auf« und ähnliche Äußerungen können, wenn sie amtlich sind, exerzitiv sein.

Des weiteren sind »Ich erkenne an« und »Ich spreche frei« exerzitive Äußerungen, die auf Urteilen beruhen.

Vergleich mit kommissiven Äußerungen
Viele exerzitive Äußerungen legen den Sprecher auf ein bestimmtes Verhalten fest, etwa »erlauben«, »ermächtigen«, »abordnen«, »anbieten«, »zugestehen«, »schenken«, »gutheißen«, »Geld setzen auf« und »zustimmen«. Der einzige Zweck meiner Äußerungen »Ich erkläre Krieg« und »Ich verstoße dich« liegt darin, mich persönlich auf ein bestimmtes Verhalten festzulegen. Die Verbindung zwischen einer exerzitiven Äußerung und der Festlegung auf ein Verhalten ist so eng wie die zwischen Bedeutung und Folgerung. Es ist klar, daß Ernennen und Taufen uns festlegen; aber es ist uns wichtiger, daß sie eine Vollmacht, ein Recht, einen Namen und so weiter übertragen, ändern oder aufheben.

Vergleich mit konduktiven Äußerungen
Exerzitive Äußerungen wie »Ich fechte an«, »Ich widerspreche«, »Ich billige« sind eng mit konduktiven verwandt. Mit solchen Äußerungen, wie auch beim Empfehlen und Anraten, kann man Stellung beziehen oder eine Handlung befürworten.

Vergleich mit expositiven Äußerungen
Exerzitive Äußerungen wie »Ich ziehe zurück«, »Ich erhebe Bedenken«, »Ich widerspreche« spielen im Zusammenhang einer Unterredung oder Diskussion so ziemlich die Rolle von expositiven Äußerungen.

Exerzitive Äußerungen werden typischerweise in folgenden Zusammenhängen benutzt:
(1) Besetzung von Ämtern und Stellen; Kandidaturen; Wahlen; Aufnahmen; Ernennungen; Rücktritte; Entlassungen; Bewerbungen.
(2) Rat; Ermahnung; Bitte.

(3) Ermächtigungen; Anweisungen; richterliche Entscheidungen; Außerkraftsetzen.
(4) Versammlungen und Verhandlungen.
(5) Rechte, Ansprüche, Klagen und so weiter.

3. Kommissive Äußerungen

Der Sinn der kommissiven Äußerung ist, den Sprecher auf ein bestimmtes Verhalten festzulegen. Beispiele:

⟨versprechen
sein Wort geben
sich verpflichten
zusagen
geloben
(jdm. etw.) schwören
übernehmen
sich einer Sache weihen
verheißen
sich erbieten
sich bereit erklären
seine Absicht erklären
ich bin entschlossen
ich beabsichtige
ich habe vor
ich plane
ich werde
in Aussicht nehmen
in Aussicht stellen
ich fasse ins Auge
ich erwäge
beantragen
um jds. Hand anhalten
vorschlagen
(für/gegen etw.) eintreten
sich (für/gegen etw.) erklären
Einspruch erheben
Partei ergreifen
sich anschließen
zustimmen
einwilligen
genehmigen
sich auf etw. einlassen
auf etw. eingehen
(Angebot usw.) annehmen
sich entscheiden
garantieren
sich verbürgen
bürgen
wetten
sich (auf etw.) einigen[44]
vereinbaren
verabreden
übereinkommen
(Vertrag usw.) schließen
(Geschäft usw.) abschließen
sich verloben⟩

44. Der Rest der Liste hat »wir« in der expliziten Form. (v. S.)

Es macht einen Unterschied, ob man seine Absicht erklärt oder eine Verpflichtung übernimmt; man könnte deshalb fragen, ob es richtig ist, sie zusammenzufassen. Wie wir zwischen Drängen und Befehlen unterscheiden, so unterscheiden wir zwischen Beabsichtigen und Versprechen. Aber beides deckt die primär performative Äußerung »Ich werde«; zum Beispiel haben wir die Wendungen »Ich werde wahrscheinlich«, »Ich werde mein Bestes tun«, »Ich werde sehr wahrscheinlich«.

Es gibt auch einen Übergang zu »deskriptiven« Äußerungen. Die *reine* Feststellung, daß ich eine Absicht habe, ist der eine Grenzfall; auf der anderen Seite kann ich meine Absicht oder meinen Entschluß auch erklären oder ausdrücken oder ankündigen. »Ich erkläre meine Absicht« legt mich zweifellos fest; und wer sagt »Ich habe vor«, erklärt seine Absicht damit ganz allgemein. Das wiederholt sich bei Äußerungen, mit denen man sich an eine Person oder Sache anschließt, etwa »Ich weihe (mein Leben der Entwicklungshilfe)«. Mit den kommissiven Äußerungen »Ich bin für ...«, »Ich bin gegen ...«, »Ich mache mir die Ansicht zu eigen«, »Ich bin der Ansicht« kann man ganz allgemein nicht einmal feststellen, daß man dafür oder dagegen ist und so weiter, ohne es gleichzeitig zu erklären. Die Äußerung »Ich bin für X« kann je nach Zusammenhang bedeuten, daß man für X *stimmt*, für X *Partei ergreift* oder X *zustimmt*.

Vergleich mit verdiktiven Äußerungen

Verdiktive Äußerungen legen uns in zweierlei Weise auf Handlungen fest:

(a) Auf Handlungen, die nötig sind, damit wir unserem Urteil nicht widersprechen und ihm nicht die Stütze entziehen.

(b) Auf Handlungen, die sich als Konsequenzen eines Urteils ergeben (oder zu diesen Konsequenzen gehören) können.

Vergleich mit exerzitiven Äußerungen
Exerzitive Äußerungen legen uns auf die Ergebnisse einer Handlung, etwa des Taufens, fest. Beim Sonderfall der Erlaubnisse kann man durchaus fragen, ob man sie als exerzitive oder als kommissive Äußerungen auffassen soll.

Vergleich mit konduktiven Äußerungen
Reaktionen wie Verübeln, Gutheißen und Loben haben mit Parteinahme und Festlegung ebenso zu tun wie Ratschlag und Entscheidung. Allerdings legen konduktive Äußerungen uns nicht auf das konkrete Verhalten fest, angesichts dessen sie getan werden, sondern sie legen uns implizit auf *ähnliches* Verhalten fest. Wenn ich zum Beispiel jemanden kritisiere, dann beziehe ich Stellung gegenüber dem Verhalten, das jemand anders bereits an den Tag gelegt *hat*, kann mich aber selbst nur darauf festlegen, ein solches Verhalten in Zukunft zu vermeiden.

Vergleich mit expositiven Äußerungen
Schwören, Versprechen und Für-eine-Tatsache-Bürgen fungieren wie expositive Äußerungen. Und die beiden folgenden Gruppen von illokutionären Akten scheinen sowohl expositiv als auch kommissiv zu sein: erstens Benennen, Definieren, Bestimmen als und Annehmen; zweitens Stützen, Zustimmen, Widersprechen, An-etwas-Festhalten und Verteidigen.

4. Konduktive Äußerungen

Bei konduktiven Äußerungen geht es um die Reaktion auf das Verhalten und das Schicksal anderer Leute und um Einstellungen sowie den Ausdruck von Einstellungen gegenüber dem vergangenen oder unmittelbar bevorstehenden Verhalten eines anderen. Die Verknüpfungen mit Beschreibungen unserer Gefühle und mit Feststellungen über sie sowie mit dem Ausdrücken von Gefühlen (in dem Sinne, daß sie sich

Luft machen) sind offensichtlich. Allerdings müssen konduktive Äußerungen von beiden unterschieden werden. Beispiele:

⟨1. Entschuldigungen:
um Entschuldigung bitten
2. Dank:
danken
sich bedanken
3. Mitgefühl:
beglückwünschen
Glück wünschen
gratulieren
bedauern
beklagen
(Mitgefühl usw.) ausdrücken
Beileid aussprechen
4. Einstellungen:
seine Hochachtung bezeigen
kritisieren
(über etw.) klagen
murren[45]
sich beschweren
verübeln
mißbilligen
nichts dagegen haben
zustimmen
bereuen
gutheißen
loben
empfehlen
verwerfen
ignorieren
5. Grüße:
grüßen
begrüßen
willkommen heißen
Lebewohl sagen
6. Wünsche:
(jdm etw.) wünschen
(auf jdn.) anstoßen
(auf jdn.) trinken
segnen
verfluchen
verwünschen
7. Herausforderungen:
fordern
herausfordern
es mit jdm. aufnehmen
sich (gegen etw.) verwahren
sich erlauben⟩

Die konduktiven Äußerungen sind in der üblichen Weise Unglücksfällen ausgesetzt, besonders jedoch der Unredlichkeit. Verbindungen zu den kommissiven Äußerungen liegen klar zutage; denn Loben und Unterstützen ist beides: man rea-

45. Dieses Verb bezeichnet zwar eine illokutionäre Rolle, ist aber nicht explizit verwendbar. (v. S.)

giert auf ein Verhalten und man legt sich auf ein Verhalten fest. Es gibt auch enge Verknüpfungen zu exerzitiven Äußerungen: wer etwas billigt, kann Autorität ausüben, aber auch auf ein Verhalten reagieren. Weitere Grenzfälle sind »empfehlen«, »ignorieren«, »sich verwahren«, »anflehen« und »(zum Duell) fordern«.

5. Expositive Äußerungen

Expositive Äußerungen haben den Sinn, klarzumachen, wie die Äußerungen zu nehmen sind, mit denen man seine Ansichten darlegt, seine Begründungen durchführt, die Bedeutung der eigenen Worte erklärt. Wir haben mehrfach darauf hingewiesen, daß man sich darüber streiten kann, ob es sich hierbei nicht genausogut um verdiktive, exerzitive, kommissive und konduktive Akte handelt; wir können uns bisweilen auch darüber streiten, ob es sich bei ihnen nicht ganz einfach um Beschreibungen unserer Gefühle, Gewohnheiten und so weiter handelt, besonders wenn die Sache dem Fall ähnelt, daß man Worte in die Tat umsetzt: »Sodann komme ich zu . . .«, »Ich zitiere«, »Ich wiederhole«, »Ich erwähne«.
Als verdiktiv kann man zum Beispiel auffassen: »bestimmen als«, »einordnen«, »deuten«; man muß von seiner Urteilskraft Gebrauch machen. Als exerzitiv kann man zum Beispiel auffassen: »einräumen«, »Nachdruck legen auf«, »vertreten«, »bestehen auf«; man übt Einfluß und Autorität aus. Als kommissiv kann man zum Beispiel auffassen: »definieren«, »zustimmen«, »zugeben«, »festhalten an«, »unterstützen«, »bezeugen«, »schwören«; man übernimmt mit ihnen eine Verpflichtung. Als konduktiv kann man zum Beispiel auffassen: »Bedenken äußern«, »Bedenken tragen«; zu ihnen gehört, daß man eine Haltung einnimmt oder ein Gefühl äußert.
Damit Sie etwas in der Hand haben, gebe ich Ihnen ein paar Listen an, um den Umfang des Gebietes anzudeuten. Zentral sind Beispiele wie »feststellen«, »behaupten«, »leug-

nen«, »betonen«, »erläutern«, »antworten«. Eine übergroße Zahl – »fragen«, »antworten«, »leugnen« – scheinen ihre Heimat in der Wechselrede zu haben; sie sind aber nicht mehr daran gebunden, und natürlich gehören sie allesamt in die Verständigungssituation. Also eine Liste expositiver Äußerungen:[46]

〈1. behaupten
leugnen
feststellen
beschreiben
einordnen
klassifizieren
identifizieren

2. anmerken
bemerken
anführen
erwähnen
? einflechten

3. mitteilen
in Kenntnis setzen
benachrichtigen
(jdm. etw.) sagen
antworten
erwidern
entgegnen

3a. fragen

4. versichern
bezeugen
beeiden
melden
berichten
mutmaßen
in Zweifel ziehen
? ich zweifle
? ich weiß
? ich meine

5. anerkennen
gelten lassen
zugeben
einräumen
(in einem Punkt) nachgeben
zugestehen
zurücknehmen
zurückziehen
fallenlassen
zustimmen
beipflichten
entgegenhalten
zu bedenken geben
einwenden
vorbringen
bestreiten
zurückweisen
(an etw.) festhalten
bei etw. bleiben

46. Austins Anordnung und Numerierung sind beibehalten. Der Sinn der Einteilung ist im großen und ganzen klar; die vorhandenen Manuskripte geben keinen eindeutigen Aufschluß darüber. Die Fragezeichen stammen von Austin. (J. O. U.)

5a. berichtigen
korrigieren
richtigstellen
(Behauptung usw.) abändern

6. voraussetzen
(als Voraussetzung) fordern
ableiten
folgern
schließen
Gründe anführen
ich werde begründen
(von etw.) absehen
vernachlässigen
? betonen

7. (mit etw.) anfangen
(zu etw.) kommen
(mit etw.) schließen

7a. auslegen
deuten
Unterschied machen
(als etw.) kennzeichnen
(als etw.) bestimmen
definieren

7b. veranschaulichen
näher erläutern
weiter ausführen
(etw. so und so) ausdrücken

7c. ich verstehe darunter
ich meine damit
ich will damit sagen
ich spreche von
ich beziehe mich auf
(als etw.) bezeichnen
nennen
(Äußerung so und so) verstehen[47]
(Äußerung als etw.) nehmen[47]〉

Zusammenfassend können wir sagen: Mit der verdiktiven Äußerung macht man Gebrauch von Urteilskraft; mit der exerzitiven setzt man seinen Einfluß durch oder macht von Autorität Gebrauch; mit der kommissiven übernimmt man eine Verpflichtung oder erklärt man eine Absicht; mit der konduktiven nimmt man eine Haltung ein; mit der expositiven erläutert man Argumente, Begründungen und Mitteilungen.

Wie gewöhnlich habe ich nicht mehr die Zeit, um zu sagen, warum das, was ich vorgetragen habe, wichtig ist. Also nur

47. Selten, wenn überhaupt, als Bezeichnung eines illokutionären Aktes verwendbar. (v. S.)

ein Beispiel. Die Philosophen haben sich seit langem für das Wort »gut« interessiert; und seit neuestem ist ihr Weg der, daß sie untersuchen, wie und wozu wir es gebrauchen. Man hat zum Beispiel gesagt, daß wir es benutzen, um Zustimmung auszudrücken, zu empfehlen oder einzustufen. Wir werden uns aber über das Wort »gut« und wozu wir es gebrauchen nicht richtig klarwerden, bevor wir eine im Idealfall vollständige Liste all jener illokutionären Akte haben, von denen Empfehlen, Einstufen und so weiter bloß isolierte Einzelstücke sind; nicht bevor wir wissen, welche und wie viele Akte das sind und wie sie miteinander zusammenhängen. Hier haben wir also einen Fall, wo wir eine allgemeine Theorie, wie wir sie skizziert haben, anwenden könnten; zweifellos gibt es viele andere. Ich habe die allgemeine Theorie absichtlich nicht in einen Streit mit philosophischen Problemen verwickelt (von denen einige so kompliziert sind, daß sie ihre Berühmtheit fast verdienen); fassen Sie das nicht so auf, als sähe ich sie nicht. Natürlich wird das alles reichlich langweilig und trocken sein, wenn man zuhören und es verdauen muß; allerdings nicht entfernt so langweilig, wie es auszudenken und hinzuschreiben! Richtig Spaß macht es erst, wenn wir es auf die Philosophie anwenden.

Ich habe in diesen Vorlesungen zweierlei getan, was ich nicht unbedingt gern tue, nämlich:

(1) Ein Programm verkünden; d. h. sagen, was man tun muß, statt etwas zu tun;

(2) Vorlesungen halten.

Einen gewissen Trost gegenüber (1) bietet mir der Gedanke, daß ich eigentlich kein persönliches Manifest veröffentlicht, sondern ein wenig die Wege nachgezeichnet habe, die die Philosophie hier und da schon eingeschlagen hat und mit wachsendem Schwung weitergeht. Und was (2) angeht, so kann ich doch eines ganz gewiß sagen: daß ich nirgendwo lieber Vorlesungen halte als in Harvard.

Anhang zur englischen Ausgabe

Die Vorlesungsnachschriften von Hörern, der Vortrag »Performative utterances«, der Artikel »Performatif-constatif« (vgl. zu beiden das Verzeichnis von Austins Schriften) und die Bandaufzeichnung des im Oktober 1959 in Göteborg gehaltenen Vortrages sind vor allem dazu benutzt worden, den unabhängig von ihnen aus Austins Manuskript erarbeiteten Text zu überprüfen. Es hat sich fast überall herausgestellt, daß Austins Notizen viel ausführlicher als die sekundären Quellen sind und kaum aus ihnen ergänzt zu werden brauchten; einige typische Beispiele wurden ihnen entnommen, und wo Austins Notizen nicht ausgeführt waren, auch einige typische Wendungen. Der Hauptwert der sekundären Quellen liegt in der Möglichkeit, Anordnung und Interpretation von Stellen zu prüfen, wo Austins Notizen bruchstückhaft bleiben.

Es folgt eine Liste der wichtigeren Stellen, an denen Austins Text vermehrt oder rekonstruiert worden ist. [Die Zahlen in runden Klammern verweisen auf die englische Originalausgabe, die Zahlen hinter dem Komma auf die Zeilenzählung.]

S. 30 (7). Im Anschluß an die mit »what we need is« endende Zeile (s. »Abweichungen der deutschen Fassung vom Original« zu S. 30) findet sich in den Notizen die folgende Bemerkung: »oder jedenfalls sozusagen auf das aufmerksam macht, was wir in gewissen Fällen brauchen«.

S. 48 (28). Das Beispiel mit Georg ist im Manuskript unvollständig; der Text beruht im wesentlichen auf »Performative utterances«.

S. 49 (29). Eine selbständige Anmerkung bringt den folgenden Zusatz zu Punkt (1): »Sogar Verfahren, um einen in Verfahren wie ›Ich spiele mit‹ einzubeziehen. Es kann immer noch möglich sein, sie *allesamt* zurückzuweisen.«

S. 52,34 (33,3) bis zum Ende des Abschnitts stellt die Ausarbeitung sehr knapper Bemerkungen dar.

S. 54,25 (35,2) bis zum letzten Absatz der Vorlesung ausschließlich ist aus unterschiedlichen Notizen, die Austin zu verschiedenen Zeitpunkten gemacht hat, zusammengestellt.

S. 60,21 (42,1). Randbemerkung: »Sind hier Einschränkungen für ›Meinungen‹ nötig?«

S. 63,1 ff. (44, Ende). Randbemerkung: »Möglicherweise könnte man hier ›moralische‹ Verpflichtung der ›strikten‹ Verpflichtung gegenüberstellen; aber was sagt man dann zur Drohung, die zu keiner von beiden gehört?«

S. 72, Ende (52, Anfang). Randbemerkung: »Sagen [to say] setzt voraus; sagen [saying] legt nahe; was man sagt, hat zur Folge.«

S. 73 (52). Im letzten Absatz der Vorlesung sind Austins Notizen, vor allem auf Grund der Nachschrift von G. Pitcher, ausgearbeitet worden.

S. 84 (64). Die sechs Punkte bis zum Ende der Vorlesung stammen aus zwei Gruppen von Notizen, die Austin vor 1955 gemacht hat; das Manuskript von 1955 ist an dieser Stelle lückenhaft.

S. 91,9 (70,18). An Stelle des mit »Wir können durchaus sagen« beginnenden Satzes steht in Austins Manuskript: »Zwar benutzen wir ›wie sie zu verstehen ist‹ und ›klarmachen‹ (und möglicherweise sogar ›sagen, daß‹): aber *nicht* wahr oder falsch, nicht Beschreibung oder Bericht.«

S. 93 (73). Randbemerkung zum ersten Absatz: »Nötig Kriterien für Sprachentwicklung.«

S. 93 (73). Randbemerkung zum zweiten Absatz: »? Irreführend: Es ist *das* Sprachmittel, vgl. Präzision.«

S. 108 (90). Randbemerkung zum letzten Absatz: »und inexplizite tun beides.«

S. 111 (93). Im Manuskript endet die siebente Vorlesung hier. In Harvard gehörte, wie Nachschriften von Hörern zeigen, noch der erste Teil der achten Vorlesung dazu.

S. 113,8–12 (95,14–16). Randbemerkung: »said ≡ asserted stated«.
S. 122,3 f. (105,2). »Es besteht da eine Ähnlichkeit zum Anspielen« beruht auf Pitchers Nachschrift. Bei Austin steht: »Und ist es mit ›anspielen‹ ebenso?«
S. 122 (105) Absatz (5) ist nach Nachschriften erweitert worden; Austins Manuskript enthält nur den ersten Satz.
S. 125,4 (107,2). Der Text bis zum Ende des Absatzes stammt aus sekundären Quellen. (Die Geschichte vom Jockel ist natürlich eine deutsche Parallele. v. S.)
S. 133 (115/16). Die Beispiele zu (1) und (2) stammen aus der Nachschrift von G. Pitcher.
S. 134,18 (117,6). Der hier beginnende Satz stammt aus der Nachschrift von G. Pitcher.
S. 138,1 (121,3). Der hier beginnende Satz stammt aus der Nachschrift von G. Pitcher.
S. 142,33–140,1 (123). (Der englische Text hat »iced ink« und »I stink«. v. S.) Dieses Beispiel ist unter Austins Schülern sehr berühmt, steht allerdings nicht im Manuskript. Es stammt aus vielen sekundären Quellen.
S. 201 (129). Die beiden mit (a) und (b) beginnenden Absätze sind auf Grund sekundärer Quellen stark erweitert worden.
S. 157 (137). Der Text von Austins Notizen zum letzten Satz des ersten Absatzes lautet wörtlich: »Contracts often void because objects they're about don't exist – break down of reference (total ambiguity or non existence).«
S. 157 (138). Vor dem letzten Satz des zweiten Absatzes findet sich in Austins Notizen die Bemerkung: »(N. B. Gesagt ist natürlich niemals/nicht Feststellen) (auch ›gesagt‹ hat seine Mehrdeutigkeiten)«.
S. 162 (144). Der mit »Drittens« beginnende Absatz ist auf Grund der Nachschriften von Pitcher und Demos erweitert worden.
S. 174 (156). Bemerkung vor dem letzten Absatz: »Ver-

gleiche den Krieg erklären, für geschlossen erklären, den Kriegszustand erklären.«

S. 177 (158). Die Notizen gehen am Ende des ersten Absatzes weiter mit »ich verspreche, daß ich sehr wahrscheinlich werde«. Wir nehmen an, daß Austin dies nicht als Beispiel für korrekten Gebrauch gemeint hat.

S. 179 (160). Bemerkung zu »Anstoßen« und »Trinken« in VI: »oder die Worte in die Tat umsetzen«.

S. 182, letzter Absatz (162, letzter Absatz) bis zum Ende der Vorlesung ist eine Erweiterung des Manuskripts, die auf einer zusätzlichen handschriftlichen Bemerkung Austins beruht und durch Nachschriften bestätigt wird.

J. O. U.

Abweichungen der deutschen Fassung vom Original

Im folgenden bedeutet »S. m (n)« die Seite m des vorliegenden deutschen Textes und die Seite n des englischen Originals (1962, 1963, 1965). Wiedergegeben wird der englische Text, der durch den deutschen Text nicht übersetzt (verändert oder ausgelassen) ist, und zwar an den Stellen, wo der vorliegende deutsche Text Veränderungen durch ⟨ ⟩ und Auslassungen durch ° anzeigt. Die Änderungen werden nur insoweit kommentiert, als sie sich nicht von selbst verstehen.

S. 27 (4)
PRELIMINARY ISOLATION OF THE PERFORMATIVE
Die erste der drei völlig unsystematisch eingestreuten Überschriften (die anderen auf S. 28 (7) und S. 124 (109)).

S. 30 (7)
One technical term that comes nearest to what we need is perhaps 'operative', as it is used strictly by lawyers in referring to that part, i. e. those clauses, of an instrument which serves to effect the transaction (conveyance or what not) which is its main object, whereas the rest of the document merely 'recites' the circumstances in which the transaction is to be effected. (I owe this observation to Professor H. L. A. Hart.) But 'operative' has other meanings, and indeed is often used nowadays to mean little more than 'important'.
M. W. existiert im deutschen Zivilrecht keine Entsprechung zu »operative« in der hier skizzierten Verwendung.

S. 30 (7)
CAN SAYING MAKE IT SO?
Eingestreute Überschrift

S. 33/34 (11)
Moreover, we do not speak of a false bet or a false christening;

S. 46 (25)

In philosophy, forearmed *should* be forewarned.
Engl. Sprichwort: 'To be forewarned is to be forearmed.'

S. 65–71 (47–50)

1. *Entails*

'All men blush' entails 'some men blush'. We cannot say 'All men blush but not any men blush', or 'the cat is under the mat and the cat is on top of the mat' or 'the cat is on the mat and the cat is not on the mat', since in each case the first clause entails the contradictory of the second.

2. *Implies*

My saying 'the cat is on the mat' implies that I believe it is, in a sense of 'implies' just noticed by G. E. Moore. We cannot say 'the cat is on the mat but I do not believe it is'. (This is actually not the ordinary use of 'implies': 'implies' is really weaker: as when we say 'He implied that I did not know it' or 'You implied you knew it (as distinct from believing it)'.)

3. *Presupposes*

'All Jack's children are bald' presupposes that Jack has some children. We cannot say 'All Jack's children are bald but Jack has no children', or 'Jack has no children and all his children are bald'.
There is a common feeling of outrage in all these cases. But we must not use some blanket term, 'implies' or 'contradiction', because there are very great differences. There are more ways of killing a cat than drowning it in butter; but this is the sort of thing (as the proverb indicates) we overlook: there are more ways of outraging speech than contradiction merely. The major questions are: how many ways, and why they outrage speech, and wherein the outrage lies?

Let us contrast the three cases in familiar ways:

1. *Entails*

If p entails q then $\sim q$ entails $\sim p$: if 'the cat is on the mat' entails 'the mat is under the cat' then 'the mat is not under the cat' entails 'the cat is not on the mat'. Here the truth of a proposition entails the truth of a further proposition or the truth of one is inconsistent with the truth of another.

2. *Implies*

This is different: if my saying that the cat is on the mat implies that I believe it to be so, it is not the case that my not believing that he cat is on the mat implies that the cat is not on the mat (in ordinary English). And again, we are not concerned here with the inconsistency of propositions: they are perfectly compatible: it may be the case at once that the cat is on the mat but I do not believe that it is. But we cannot in the other case say 'it may be the case at once that the cat is on the mat but the mat is not under the cat'. Or again, here it is saying that 'the cat is on the mat', which is not possible along with saying 'I do not believe that it is'; the assertion implies a belief.

3. *Presupposes*

This again is unlike entailment: if 'John's children are bald' presupposes that John has children, it is not true that John's having no children presupposes that John's children are not bald. Moreover again, *both* 'John's children are bald' and 'John's children are not bald' alike presuppose that John has children: but it is not the case that both 'the cat is on the mat' and 'the cat is not on the mat' alike entail that the mat is below the cat.

Let us consider first 'implies' and then 'presupposes' over again:

S. 75 (55)

... connected with the utterance (constative) 'John is running‹ is the statement 'I am stating that John is running': and this may depend for its truth on the happiness of 'John is running', just as the truth of 'I am apologizing' depends on the happiness of 'I apologize'.

S. 77 (56/57)

(This mistake in terminology is due to assimilating, for example, 'I run' to the Latin *curro*, which should really generally be translated 'I am running'; Latin does not have two tenses where we do.)

S. 77/78 (57)

(1) You are hereby authorized to pay ...
(2) Passengers are warned to cross the track by the bridge only.

Indeed the verb may be 'impersonal' in such cases with the passive, for example:

(3) Notice is hereby given that trespassers will be prosecuted.

S. 78 (58)

... 'on nearing the tunnel, passengers are warned to duck their heads, &c.'

S. 78 (58) *Einfügung*

S. 82 (62)

In fact there is rather a play on the performative and non-performative uses in the road sign 'You have been warned'.

S. 84/85 (64)

We might back this up by saying that performative verbs are not used in the present continuous tense (in the first person singular active): we do not say 'I am promising', and 'I am protesting'. But even this is not entirely true, because I can say 'Don't bother me at the moment; I will see you later; I am marrying' at any moment during the ceremony when I am not having to say other words such as 'I do'; here the utterance of the performative is not the whole of the performance, which is protracted and contains diverse elements. Or I can say 'I am protesting' when performing the act by, in this case, means other than saying 'I protest', for example by chaining myself to park railings. Or I can even say 'I am ordering' while writing the words 'I order'.

S. 98 (79)

I thank	I am grateful	I feel grateful
I apologize	I am sorry	I repent
I criticize } I censure }	I blame	{ I am shocked by { I am revolted by
I approve	I approve of	I feel approval
I bid you welcome	I welcome	
I congratulate	I am glad about	

S. 101 (81)

'Snap.' To say this is to snap (in appropriate circumstances); but it is not a snap if 'snap' is not said.

Ich habe keinen in einem Gesellschaftsspiel üblichen Ausdruck finden können, der die hier intendierte Zweideutigkeit hat. »Ich kaufe« braucht nicht gesagt zu werden; »Schnippschnapp« ist dagegen schon rein performativ.

S. 102 (83)

I apologize	I am sorry	I repent
I criticize } I censure }	I blame	I am disgusted by
I approve	I approve of	I feel approval of
I bid you welcome	I welcome you	

S. 103 (84)

Sometimes the test of a different word, sometimes of a different construction of the formula, is available. Thus in an explicit performative we say 'I approve' rather than 'I approve of'. Compare the distinction between 'I wish you were at the bottom of the sea' and 'I wish you at the bottom of the sea', or between 'I wish you were enjoying yourself' and 'I wish you joy', &c.

Diese beiden Beispiele dafür, daß man in Einzelfällen Zusatztests finden kann, sind leider nicht übersetzbar (das Beispiel mit »I wish« deshalb nicht, weil es deskriptiv oder expressiv »Ich wünschte« heißen würde, explizit performativ dagegen »Ich wünsche«). Natürlich lassen sich auch im Deutschen in (anderen) Einzelfällen Zusatztests finden.

S. 104 (86)

'I postulate that . . .'

Für die an dieser und den beiden folgenden Änderungsstellen als Beispiele benutzten »to postulate«, »to assume« und »to suppose« gibt es keine Übersetzungen mit der intendierten Zweideutigkeit (explizit performativ und deskriptiv).

S. 105 (86)

'I assume that' as distinct from 'I postulate that'.

S. 106 (87)

'I assume that . . .' and perhaps 'I suppose that . . .'

S. 115 (97) *Einfügung* (Sie ist unwahrscheinlich; aber der Satz bleibt ohne diese oder eine andere Erweiterung unverständlich.)

S. 117/118 (100) *Einfügung*

S. 121 (104)

... or again we may speak of 'a poetical use of language' as distinct from 'the use of language in poetry'.

Die beiden Ausdrücke lassen sich natürlich mit ein und demselben deutschen Ausdruck übersetzen. Sie lassen sich auch verschieden übersetzen; da unklar bleibt, welcher Unterschied mit den beiden englischen Ausdrücken gemeint ist, ist unklar, in welcher Weise sie verschieden zu übersetzen wären.

S. 127 (109)

B. THE NEED TO DISTINGUISH 'CONSEQUENCES'

Eingestreute Überschrift. (Ein »A« existiert nicht!)

S. 133 (116)

arguing

In welcher seiner zahlreichen Bedeutungen »to argue« auf typische Reaktionen zielt oder welche gemeint ist, bleibt hier unklar.

S. 139–152 (122–131)

We will take first the formula: 'In saying *x* I was doing *y*' (or 'I did *y*').

(1) Its use is not confined to illocutionary acts; it will apply (*a*) with locutionary acts and (*b*) with acts which seem to fall outside our classification altogether. It certainly is not the case that if we can say 'in saying *x* you were *y*-ing', then 'to *y*' is necessarily to perform an illocutionary act. At most it might be claimed that the formula will not suit the perlocutionary act, while the 'by' formula will not suit the illocutionary act. In particular (*a*) we use the same formula where 'to *y*' is to perform an incidental part of a locutionary act: for example, 'In saying I detested Catholics, I was referring only to the present day', or, 'I was meaning or thinking of *Roman* Catholics'. Though in this case we would

perhaps more commonly use the formula 'in speaking of'. Another example of this kind is: 'In saying "Iced ink" I was uttering the noises "I stink".' But besides this there are *(b)* other apparently miscellaneous cases, such as 'In saying *x* you were making a mistake' or 'failing to observe a necessary distinction' or 'breaking the law', or 'running a risk', or 'forgetting': to make a mistake or to run a risk is certainly not to perform an illocutionary act, nor even a locutionary one.

We may attempt to get out of (*a*), the fact that it is not confined to illocutionary acts, by arguing that 'saying' is ambiguous. Where the use is not illocutionary 'saying' could be replaced by 'speaking of', or 'using the expression', or instead of 'in saying *x*' we could say 'by the word *x*' or 'in using the word *x*'. This is the sense of 'saying' in which it is followed by inverted commas, and in such cases we refer to the phatic and not the rhetic act.

The case (*b*), of miscellaneous acts falling outside our classification, is more difficult. A possible test would be the following: where we can put the *y*-verb* into a non-continuous tense (preterite or present) instead of the continuous tense, or equally where we can change the 'in' into 'by' while keeping the continuous tense, then the *y*-verb is not the name for an illocution. Thus, for 'In saying that he was making a mistake', we could put, without change of sense, either 'In saying that he made a mistake' or 'By saying that he was making a mistake': but we do not say 'In saying that I protested' nor 'By saying that I was protesting'.

(2) But on the whole we might claim that the formula does not go with perlocutionary verbs like 'convinced', 'persuaded', 'deterred'. But we must qualify this a little. First, exceptions arise through the incorrect use of language. Thus people say 'Are you intimidating me?' instead of 'threaten-

* (That is, the verb substituted for '*y*' in 'In saying *x* I was *y*-ing'. J. O. U.)

ing', and thus might say 'In saying *x*, he was intimidating me'. Second, the same word may genuinely be used in both illocutionary and perlocutionary ways. For example, 'tempting' is a verb which may easily be used in either way. We don't have 'I tempt you to' but we do have 'Let me tempt you to', and exchanges like 'Do have another whack of ice-cream' – 'Are you tempting me?'. The last question would be absurd in a perlocutionary sense, since it would be one for the speaker to answer, if anyone. If I say 'Oh, why not?' it seems that I am tempting him, but he may not really be tempted. Third, there is the proleptic use of verbs such as, for example, 'seducing' or 'pacifying'. In this case 'trying to' seems always a possible addition with a perlocutionary verb. But we cannot say that the illocutionary verb is always equivalent to trying to do something which might be expressed by a perlocutionary verb, as for example that 'argue' is equivalent to 'try to convince', or 'warn' is equivalent to 'try to alarm' or 'alert'. For firstly, the distinction between doing and trying to do is already there in the illocutionary verb as well as in the perlocutionary verb; we distinguish arguing from trying to argue as well as convincing from trying to convince. Further, many illocutionary acts are not cases of trying to do any perlocutionary act; for example, to promise is not to try to do anything.

But we may still ask whether we may possibly use 'in' with the perlocutionary act; this is tempting when the act is not intentionally achieved. But even here it is probably incorrect, and we should use 'by'. Or at any rate, if I say, for example, 'In saying *x* I was convincing him', I am here accounting not for how I came to be saying *x* but for how I came to be convincing him; this is the other way round from the use of the formula in explaining what we meant by a phrase when we used the 'in saying' formula, and involves another sense ('in the process' or 'in the course of' as distinct from 'a criterion') from its use with illocutionary verbs.

Let us now consider the general meaning of the 'in' formula.

If I say 'In doing *A* I was doing *B*', I may mean either that *A* involves *B* (*A* accounts for *B*) or that *B* involves *A* (*B* accounts for *A*). This distinction may be brought out by contrasting (α 1) 'In the course or process of doing *A*, I was doing *B*' (in building a house, I was building a wall) and (α 2) 'In doing *A*, I was in the course or process of doing *B*' (in building a wall I was building a house). Or again, contrast (α 1): 'In uttering the noises *N* I was saying *S*' and (α 2): 'In saying *S* I was uttering the noises *N*'; in (α 1) I account for *A* (here, my uttering the noises) and state my purpose in uttering the noises, whereas in (α 2) I account for *B* (my uttering the noises) and thus state the effect of my uttering the noises. The formula is often used to account for my doing something in answer to the question: 'How come you were doing so-and-so?' Of the two different emphases, the Dictionary prefers the former case (α 1), in which we account for *B*, but we equally often use it as in case (α 2), to account for *A*.

If we now consider the example:

In saying ... I was forgetting ...,

we find that *B* (forgetting) explains how we came to say it, i. e. it accounts for *A*. Similarly

In buzzing I was thinking that butterflies buzzed

accounts for my buzzing (*A*). This seems to be the use of the 'in saying' formula when used with locutionary verbs; it accounts for my saying what I did (and not for my meaning).

But if we consider the examples:

(α 3) In buzzing, I was pretending to be a bee,
In buzzing I was behaving like a buffoon,

we find here that saying what one did (buzzing) in intention or in fact constituted my saying so-and-so, an act of a certain kind, and made it callable by a different name. The illocutionary example:

In saying so-and-so I was warning

is of this kind: it is not of either of the 'in the course of' kinds (α 1) and (α 2) (where *A* accounts for *B* or vice versa). But it is different from the locutionary examples, in that the act is constituted not by intention or by fact, essentially but by *convention* (which is, of course, a fact). These features serve to pick out illocutionary acts most satisfactorily.*
When the 'in saying' formula is used with perlocutionary verbs, on the other hand, it is used in an 'in the process of' sense (α 1), but it accounts for *B*, whereas the locutionary verb case accounts for *A*. So it is different from both the locutionary and the illocutionary cases.
The question 'How come?' is not confined to questions of means and ends, we may observe. Thus in the example:

In saying *A* ... I was forgetting *B*

we account for *A*, but in a new sense of 'accounts for' or 'involves', which is not that of means and end. Again, in the example:

In saying ... I was convincing ... (was humiliating ...),

we account for *B* (my convincing or humiliating him) which is indeed a consequence but is not a consequence of a means.
The 'by' formula is likewise not confined to perlocutionary verbs. There is the locutionary use (by saying ... I meant ...), the illocutionary use (by saying ... I was thereby warning ...) and a variety of miscellaneous uses (by saying ... I put myself in the wrong). The uses of 'by' are at least two in general:

* But suppose there is a quack dentist. We can say 'In inserting the plate he was practicising dentistry.' There is a convention here just as in the warning case—a judge could decide.

(*a*) By hitting the nail on the head I was driving it into the wall,

(*b*) By inserting a plate, I was practising dentistry.

In (a) 'by' indicates the means by which, the manner in which or the method by which I was bringing off the action; in (*b*) 'by' indicates a criterion, that about what I did which enables my action to be classified as practising dentistry. There seems little difference between the two cases except that the use to indicate a criterion seems more external. This second sense of 'by'—the criterion sense—is, it seems, also very close to 'in' in one of its senses: 'In saying that I was breaking the law (broke the law)'; and in this way 'by' can certainly be used with illocutionary verbs in the 'by saying' formula. Thus we may say 'By saying ... I was warning him (I warned him)'. But 'by', in this sense, is not used with perlocutionary verbs. If I say 'By saying ... I convinced (persuaded) him', 'by' will here have the means-to-end sense, or anyway signify the manner in which or method by which I did it. Is the 'by'-formula ever used in the 'means-to-end sense' with an illocutionary verb? It would seem that it is in at least two kinds of cases:

(*a*) When we adopt a verbal means of doing something instead of a non-verbal means, when we talk instead of using a stick. Thus in the example: 'By saying "I do" I was marrying her', the performative 'I do' is a means to the end of marriage. Here 'saying' is used in the sense in which it takes inverted commas and is using words or language, a phatic and not a rhetic act.

(*b*) When one performative utterance is used as an indirect means to perform another act. Thus in the example: 'By saying "I bid three clubs" I informed him that I had no diamonds', I use the performative 'I bid three clubs' as an indirect means to informing him (which is also an illocutionary act).

In sum: to use the 'by saying' formula as a test of an act being perlocutionary, we must first be sure:
(1) that 'by' is being used in an instrumental as distinct from a criterion sense;
(2) that 'saying' is being used

(*a*) in the full sense of a locutionary act and not a partial sense, for example of a phatic act;
(*b*) not in the double-convention way as in the example from bridge above.

There are two other subsidiary linguistic tests of the illocutionary act to distinguish it from the perlocutionary:
(1) It seems that in the case of illocutionary verbs we can often say 'To say *x* was to do *y*'. One cannot say 'To hammer the nail was to drive it in' instead of 'By hammering the nail he drove it in'. But this formula will not give us a watertight test, for we can say many things with it; thus we can say 'To say that was to convince him' (a proleptic use?) although 'convince' is a perlocutionary verb.
(2) The verbs that we have classified (intuitively—for that is all we have done so far) as names of illocutionary acts seem to be pretty close to *explicit performative* verbs, for we can say 'I warn you that' and 'I order you to' as explicit performatives; but warning and ordering are illocutionary acts. We can use the performative 'I warn you that' but not 'I convince you that', and can use the performative 'I threaten you with' but not 'I intimidate you by'; convincing and intimidating are perlocutionary acts.
The general conclusion must be, however, that these formulas are at best very slippery tests for deciding whether an expression is an illocution as distinct from a perlocution or neither. But none the less, 'by' and 'in' deserve scrutiny every bit as much as, say, the now-becoming-notorious 'how'.
Der deutsche Text dürfte alle von Austin intendierten Unterscheidungen decken. Er enthält alle im Deutschen verwendbaren Beispiele. Nicht benutzt sind die Überlegungen

zu »accounts for« (engl. Orig. S. 126–128). Die Nuancen, die man hier zu hören meint oder sich einbildet, sind nicht nur unübersetzbar; ich bezweifle auch, daß die Unterscheidungen fürs Englische ohne weitere Proben handfest gemacht werden können.

S. 160 (140)

We shall not say 'truly' in the case of verdictives, but we shall certainly address ourselves to the same question; and such adverbs as 'rightly', 'wrongly', 'correctly', and 'incorrectly' are used with statements too.

170/171 (152)

acquit	convict	find (as a matter of fact)
hold (as a matter of law)	interpret as	understand
read it as	rule	calculate
reckon	estimate	locate
place	date	measure
put it at	make it	take it
grade	rank	rate
assess	value	describe
characterize	diagnose	analyse

Die Änderungen in dieser und den folgenden Listen ergeben sich aus den unterschiedlichen Bedeutungsfächern der englischen und der deutschen Verben.

S. 173 (154)

'I call you out' must be distinguished from 'I call that "out"'; the first is a verdict *given* the use of words, like 'I should describe that as cowardly'; the second is a verdict *about* the use of words, as 'I should describe that as "cowardly"'.

S. 173/174

appoint	proclaim	reprieve
dismiss	countermand	declare closed
degrade	enact	direct
excommunicate	dedicate	grant
demote	command	nominate
name	fine	give
order	vote for	resign
sentence	claim	plead
levy	pardon	beg
choose	advise	recommend
bequeath	entreat	quash
warn	press	repeal
pray	announce	veto
urge	annul	declare open

S. 176 (156/157)

promise	purpose	agree
undertake	propose to	declare for
am determined to	envisage	champion
mean to	guarantee	oppose
covenant	vow	contemplate
bind myself	dedicate myself to	swear
intend	adopt	bet
plan	espouse	consent
contract	shall	side with
give my word	engage	embrace
declare my intention	pledge myself	favour

S. 179 (159)

1. For apologies we have 'apologize'.
2. For thanks we have 'thank'.
3. For sympathy we have 'deplore', 'commiserate', 'compliment', 'condole', 'congratulate', 'felicitate', 'sympathize'.

4. For attitudes we have 'resent', 'don't mind', 'pay tribute', 'criticize', 'grumble about', 'complain of', 'applaud', 'overlook', 'commend', 'deprecate', and the non-exercitive uses of 'blame', 'approve', and 'favour'.
5. For greetings we have 'welcome', 'bid your farewell'.
6. For wishes we have 'bless', 'curse', 'toast', 'drink to', and 'wish' (in its strict performative use).
7. For challenges we have 'dare', 'defy', 'protest', 'challenge'.

S. 181/182 (161/162)

1. affirm
deny
state
describe
class
identify

2. remark
mention
? interpose

3. inform
apprise
tell
answer
rejoin

3*a*. ask

4. testify
report
swear
conjecture
? doubt
? know
? believe

5. accept
concede
withdraw
agree
demur to
object to
adhere to
recognize
repudiate

5*a*. correct
revise

6. postulate
deduce
argue
neglect
? emphasize

7. begin by
turn to
conclude by

7*a*. interpret
distinguish
analyse
define

7*b*. illustrate
explain
formulate

7*c*. mean
refer
call
understand
regard as

Literaturverzeichnis

Weitere Schriften von Austin

Sense and sensibilia. Postum hrsg. von G. J. Warnock. London 1962.

Philosophical Papers. London 1961. Enthält:
- Are there a priori concepts? (1939)
- The meaning of a word (1940). (Deutsch in: R. Bubner, Hrsg.: Sprache und Analysis. Göttingen 1968.)
- Other minds (1946)
- Truth (1950)
- How to talk – some simple ways (1953)
- Unfair to facts (1954)
- A plea for excuses (1956/1)
- Ifs and cans (1956/2)
- Performative utterances (1956/3)
- Pretending (1958/1)

Performatif-constatif (1958/2). In: La philosophie analytique. Paris 1962. S. 271–304. Englisch unter dem Titel »Performative-constative« in: C. E. Caton (Hrsg.): Philosophy and ordinary language. Urbana, Ill., 1963. Deutsch in: R. Bubner (Hrsg.): Sprache und Analysis. Göttingen 1968.

Three ways of spilling ink. In: PR 75 (1966) S. 427–440.

Die Aufsätze (1956/3) und (1958/2) skizzieren die Theorie der Sprechakte in ihrer Frühform, der Gegenüberstellung von performativen und konstativen Äußerungen. Die Aufsätze (1946) und (1953) enthalten Analysen einzelner illokutionärer Akte. Die Aufsätze (1950) und (1954) sind für die Theorie der Sprechakte mittelbar relevant, da sie zu Austins Begriffen der Feststellung und des lokutionären Aktes herangezogen werden müssen. (1956/1), (1956/2), (1958/1) und (1966) sind wichtig für den gegenüber der Theorie der Sprechakte allgemeineren Rahmen von Austins Philosophie der Handlung.

Literatur zur Theorie der Sprechakte

Das Literaturverzeichnis stellt keine Auswahl dar. Es enthält die relevante Literatur aus der Bibliographie bei Fann (1969) und ist (insbesondere für die Zeit ab 1968) ergänzt worden. Abkürzungen:

A	Analysis
AJP	Australasian Journal of Philosophy
APQ	American Philosophical Quarterly
FL	Foundations of Language
I	Inquiry
JP	Journal of Philosophy
M	Mind
P	Philosophy
PQ	Philosophical Quarterly
PR	Philosophical Review
PSt	Philosophical Studies (Minneapolis)
T	Theoria

Aldrich, V. C.: Do linguistic acts make me tired? In: PSt 15 (1964) S. 40–44.
– Telling, acknowledging and asserting. In: A 27 (1967) S. 53 bis 58.
– »Mention« and »use« as applied to nonlinguistic actions. In: PSt 19 (1968) S. 5–12.
Alston, W. P.: Meaning and use. In: PQ 13 (1963) S. 107–124. Auch in: G. H. R. Parkinson (Hrsg.): The theory of meaning. London 1968. S. 141–165.
– Linguistic acts. In: APQ 1 (1964) S. 138–146.
– Philosophy of language. Englewood Cliffs, N. J., 1964.
Anderson, J. S.: How to define »performative«. Uppsala 1975.
Apostel, L.: Illocutionary forces and the logic of change. In: M 81 (1972) S. 208–224.
Arbini, R.: How to be unfair to first-person statement-introducing utterances. In: FL 3 (1967) S. 234–256.
Ardal, P. S.: »And that's a promise«. In: PQ 18 (1968) S. 225 bis 237.
– Promises and reliance. In: Dialogue 15 (1976) S. 54–61.
Armstrong, J. H. S.: Knowledge and belief. In: A 13 (1953) S. 114 f.

Aune, B.: Statements and propositions. In: Nous 1 (1967) S. 215 bis 229.
Bach, K.: Performatives are statements too. In: PSt 28 (1975) S. 229–236.
Barnes, W. H. F.: Knowing. In: PR 72 (1963) S. 3–16.
Benveniste, E.: La philosophie analytique et le langage. In: Les Etudes Philosophiques 18 (1963) S. 3–11.
Berlin, I. [u. a.] (Hrsg.): Essays on J. L. Austin. Oxford 1973.
Black, M.: Austin on performatives. In: P 38 (1963) S. 217–226. Auch in: Fann (1969). S. 401–411.
Boatright, J. R.: Central illocutionary force and meaning. In: M 86 (1977) S. 574–577.
Boër, S. E.: Speech acts and constitutive rules. In: JP 71 (1974) S. 169–174.
Brown, R.: Review of »How to do things with Words« and Furberg's »Locutionary and illocutionary acts«. In: AJP 41 (1963) S. 417–424.
Broyles, J. E.: Knowledge and mistake. In: M 78 (1969) S. 198 bis 211.
Burch, R. W.: Cohen, Austin und Bedeutung. In: Ratio 15 (1973) S. 112–119.
Cerf, W.: Critical notice of »How to do things with Words«. In: M 75 (1966) S. 262–285. Auch in: Fann (1969). S. 351–379.
Cherry, C.: Regulative rules and constitutive rules. In: PQ 23 (1973) S. 301–315.
Chisholm, R. M.: Performative utterances. In: R. M. Ch.: Theory of knowledge. Englewood Cliffs, N. J., 1966.
Clark, M.: Description and speech acts. In: JP 68 (1971) S. 400 bis 405.
Cohen, L. J.: Do illocutionary forces exist? In: PQ 14 (1964) S. 118–137. Auch in: Fann (1969). S. 420–444.
– Searle's theory of speech acts. In: PR 79 (1970) S. 545–557.
– The non-existence of illocutionary forces: A reply to Mr. Burch. In: Ratio 15 (1973) S. 125–131.
– Speech acts. In: T. A. Sebeok (Hrsg.): Current trends in linguistics. Bd. 12. Den Haag 1974. S. 173–208.
Cohen, T.: Illocutions and perlocutions. In: FL 9 (1973) S. 492 bis 503.
Cole, P. / Morgan, J. L. (Hrsg.): Syntax and semantics. Bd. 3: Speech acts. New York 1975.

Cooper, D. E.: Meaning and illocutions. In: APQ 9 (1972) S. 69 bis 77.
Danielson, S.: Definitions of »performatives«. In: T 31 (1965) S. 20–31.
Danto, A. C.: Seven objections against Austin's analysis of »I know«. In: PSt 13 (1962) S. 84–90.
Davis, S.: »I know« as an explicit performative. In: T 30 (1964) S. 157–165.
– Illocutionary acts and transformational grammar. Ph. D. Diss., Univ. of Ill., 1968.
Duncan-Jones, A.: Performance and promise. In: PQ 14 (1964) S. 97–117.
Durrant, R. G.: Promising. In: AJP 41 (1963) S. 44–56.
Fann, K. T. (Hrsg.): Symposium on J. L. Austin. London 1969.
Fingarette, H.: Performatives. In: APQ 4 (1967) S. 39–48.
Forguson, L. W.: In pursuit of performatives. In: P 41 (1966) S. 341–347. Auch in: Fann (1969). S. 412–419.
– On »It's raining but I don't believe it«. In: T 34 (1968) S. 89 bis 101.
– Locutionary and illocutionary acts. In: Berlin (1973). S. 160 bis 185.
Fraser, B.: Hedged performatives. In: Cole/Morgan (1975). S. 187 bis 210.
Frye, M.: Force and meaning. In: JP 70 (1973) S. 281–294.
– On Saying. In: APQ 13 (1976) S. 123–127.
Furberg, M.: Locutionary and illocutionary acts: A main theme in J. L. Austin's philosophy. Stockholm 1963. Unter dem Titel »Saying and Meaning« überarb. Oxford 1971.
Gale, R.: Do performative utterances have any constative function? In: JP 67 (1970) S. 117–121.
Garner, R. T.: Austin on entailment. In: PQ 18 (1968) S. 216–224.
– Utterances and acts in the philosophy of J. L. Austin. In: Nous 2 (1968) S. 209–227.
– Some doubts about illocutionary negation. In: A 30 (1970) S. 106–112.
Glasgow, W. D.: The act of praising. In: T 35 (1969) S. 185–203.
Gochet, P.: Performatif et force illocutionaire. In: Logique et Analyse 8 (1965) S. 155–172.
Gordon, D. / Lakoff, G.: Conversational postulates. In: Cole/Morgan (1975). S. 83–106.

Green, O. H.: Intentions and speech acts. In: A 29 (1969) 109 bis 112.

Grewendorf, G.: Sprache ohne Kontext. In: D. Wunderlich (Hrsg.): Linguistische Pragmatik. Frankfurt a. M. 1972. S. 144 bis 182.

– Fortschritte der Sprechakttheorie. In: E. v. Savigny (Hrsg.): Probleme der sprachlichen Bedeutung. Kronberg 1976. S. 101 bis 123.

– Something new about J. L. Austin? In: Studies in language 3 (1977) S. 422–436.

– (Hrsg.): Sprechakttheorie und Semantik. Frankfurt a. M. 1979.

Grice, H. P.: Meaning. In: PR 66 (1957) S. 377–388.

– Utterer's meaning and intentions. In: PR 78 (1969) S. 147–177.

– Logic and conversation. In: Cole/Morgan (1975). S. 41–58.

Griffiths, L.: The logic of Austin's locutionary subdivision. In: T 35 (1969) S. 204–214.

Hare, R. M.: Meaning and speech acts. In: PR 79 (1970) S. 3–24.

– Austin's distinction between locutionary and illocutionary acts. In: R. M. H.: Practical inferences. London 1971. S. 100–114.

Harrison, J.: Knowing and promising. In: M 71 (1962) S. 443 bis 457.

Hartnack, J.: The performatory use of sentences. In: T 29 (1963) S. 137–146.

Heal, J.: Explicit performative utterances and statements. In: PQ 24 (1974) S. 106–121.

Hedenius, I.: Performatives. In: T 29 (1963) S. 115–136.

Holdcroft, D.: Meaning and illocutionary acts. In: Ratio 6 (1964) S. 128–143. Auch in: G. H. R. Parkinson (Hrsg.): The theory of meaning. London 1968. S. 166–181.

– Performatives and statements. In: M 83 (1974) S. 1–19.

– Words and deeds. Oxford 1978.

Houlgate, L. D.: Mistake in performance. In: M 75 (1966) S. 257 bis 261.

Katz, J. J.: Propositional structure and illocutionary force. Harvester Press 1977.

Keenan, M.: Robinson's individuation of speech acts. In: PQ 26 (1976) S. 261–266.

– Reply to Robinson. In: PQ 27 (1977) S. 164 f.

Khatchadourian, H.: Conditions of illocutionary acts. In: PSt 26 (1974) S. 1–22.

Kneale, W.: Methods of designation. In: Proceedings of the Aristotelian Society 68 (1967/68) S. 249–270.

Lanigan, R. L.: Speech act phenomenology. Den Haag 1977.

Lemmon, E. J.: On sentences verifiable by their use. In: A 22 (1962) S. 86–89.

Mackay, A. F.: Speech acts. Ph. D. Diss., Univ. of North Carolina, 1966.

Margolis, J.: Meaning, speaker's intentions, and speech acts. In: Review of Metaphysics 26 (1972/73) S. 681–695.

Mathews, B.: Austin on implication and entailment; a reply to Mr. Wheatley. In: PSt 15 (1964) S. 88 f.

Mayo, B.: A note on Austin's performative theory of knowledge. In: PSt 14 (1963) S. 28–31.

McGilvray, J. A.: Can Travis' generative theory of illocutions be generative? In: Dialogue 16 (1977) S. 733–742.

Melden, A. I.: Expressives, descriptives, performatives. In: Philosophy and Phenomenological Research 29 (1968/69) S. 498 bis 505.

Nordenstam, T.: On Austin's theory of speech acts. In: M 75 (1966) S. 141–143.

Nowell-Smith, P. H.: Acts and locutions. In: W. H. Capitan / D. D. Merrill (Hrsg.): Art, mind, and religion. Pittsburgh 1967. S. 11–28.

Nuchelmans, G.: Austin's term »performative«. In: Algemeen Nederlands Tijdschrift voor Wijsbegeerte en Psychologie 54 (1961/62) S. 154–172.

O'Hair, S. G.: Performatives and sentences verifiable by their use. In: Synthese 17 (1967) S. 299–303.

Olsen, C.: Austin's worries about »I state that«. In: M 76 (1967) S. 111–114.

O'Neill, B. C.: Conventions and illocutionary force. In: PQ 22 (1972) S. 215–233.

Pahel, K. R.: Some notes on Austin's »How to do things with Words«. M 78 (1969) S. 433–436.

Parry, G.: Performative utterances and obligation in Hobbes. In: PQ 17 (1967) S. 246–254.

Passmore, J.: A hundred years of philosophy. New York [2]1966. S. 459–467.

Pears, D. F.: Wittgenstein and Austin. In: B. Williams / A. Montefiore (Hrsg.): British analytic philosophy. London 1966. S. 17–39.

Pitcher, G.: Illocutionary acts: An analysis of language in terms of human acts. Ph. D. Diss., Harvard Univ., 1957.

Quinton, A. M.: Contemporary British philosophy. In: D. J. O'Connor (Hrsg.): A critical history of Western philosophy. Glencoe, Ill., 1965. S. 531–556.

Radnitzky, G. A.: Performatives and descriptions. In: I 5 (1962) S. 12–45.

Ransdell, J.: Constitutive rules and speech-act analysis. In: JP 68 (1971) S. 385–400.

Raphael, D. D.: Linguistic performatives and descriptive meaning. In: M 65 (1956) S. 516–521.

– To be and not to be. In: Proceedings of the Aristotelian Society 61 (1960/61) S. 57–72.

Reinhardt, L. R.: Propositions and speech acts. In: M 76 (1976) S. 166–183.

Richards, B.: Searle on meaning and speech acts. In: FL 7 (1971) S. 519–538.

Robinson, J.: The individuation of speech acts. In: PQ 24 (1974) S. 316–336.

– Syntax meaning and context: A reply to Keenan. In: PQ 27 (1977) S. 162–164.

Ryan, A.: Austin: Faire des choses avec des mots. In: Archives de Philosophie 30 (1967) S. 20–35.

Ryding, E.: Austin on »I know« and »It is true«. In: Philosophical essays dedicated to Gunnar Aspelin. Lund 1963. S. 186 bis 200.

Sadock, J. M.: Toward a linguistic theory of speech acts. New York 1974.

Samek, R.: Performative utterances and the concept of contract. In: AJP 43 (1965) S. 196–201.

Sampson, G.: Pragmatic self-verification and performatives. In: FL 7 (1971) S. 300–302.

Savigny, E. v.: Die Philosophie der normalen Sprache. Frankfurt a. M. 1969. 2., völlig neu bearb. Ausg. Ebd. 1974. Kap. 3.

– Some elements of the form of a theory perhaps useful in describing a language. In: G. Ryle (Hrsg.): Contemporary aspects of philosophy. Oxford 1976. S. 86–102.

Sayre, K.: Review of »How to do things with Words«. In: PSt 41 (1963) S. 179–187.

Schiffer, S.: Meaning. Oxford 1972.

Searle, J. R.: Meaning and speech acts. In: PR 71 (1962) S. 423 bis 432. Überarb. und mit Komm. von Z. Vendler und P. Benaceraff in: C. D. Rollins (Hrsg.): Knowledge and experience. Pittsburgh 1962. S. 28–54.

– How to derive »ought« from »is«. In: PR 73 (1964) S. 43–58.

– What is a speech act? In: M. Black (Hrsg.): Philosophy in America. Ithaca, N. Y., 1965.

– Assertions and aberrations. In: B. Williams / A. Montefiore (Hrsg.): British analytic philosophy. London 1966. S. 44–54. Auch in: Fann (1969). S. 205–218.

– Review of Furberg's »Locutionary and illocutionary acts«. In: PR 75 (1966) S. 389–391.

– Austin on locutionary and illocutionary acts. In: PR 77 (1968) S. 405–424.

– Speech acts. London 1969. Dt.: Frankfurt a. M. 1971.

– Indirect speech acts. In: Cole/Morgan (1975). S. 59–82.

– A taxonomy of illocutionary acts. In: K. Gunderson (Hrsg.): Minnesota studies in the philosophy of science. Bd. 7: Language, mind, and knowledge. Minneapolis 1975. S. 344–369.

Sesonske, A.: Performatives. In: JP 62 (1965) S. 459–468.

Shwayder, D. S.: Uses of language and uses of words. In: T 26 (1960) S. 31–43. Überarb. in: G. H. R. Parkinson (Hrsg.): The theory of meaning. London 1968. S. 128–140.

Sloman, A.: Transformations of illocutionary acts. In: A 30 (1970) S. 56–59.

Stampe, D. W.: Meaning and truth in the theory of speech acts. In: Cole/Morgan (1975). S. 1–39.

Strawson, P. F.: Intention and convention in speech acts. In: PR 73 (1964) S. 439–460. Auch in: Fann (1969). S. 380–400.

– Austin and ›locutionary meaning‹. In: Berlin (1973). S. 46–48.

Thau, S.: Illocutionary breakdowns. In: M 80 (1971) S. 270 bis 275.

– The distinction between rhetic and illocutionary acts. In: A 32 (1971/72) S. 177–183.

Travis, C.: A generative theory of illocutions. In: J. F. Rosenberg / C. Travis (Hrsg.): Readings in the philosophy of language. Englewood Cliffs 1971. S. 629–645.

– Saying and understanding. Oxford 1975.

Urmson, J. O.: Austin's philosophy. In: The encyclopedia of philosophy. New York 1967. Auch in: Fann (1969). S. 22–32.

– Performative utterances. In: Midwest Studies in Philosophy 2 (1977) S. 120–127.
Vendler, Z.: Review of »Sense and sensibilia« and »How to do things with Words«. In: FL 3 (1967) S. 303–310.
Walker, J. D. B.: Statements and performatives. In: APQ 6 (1969) S. 217–225.
Warnock, G. J.: Hare on meaning and speech acts. In: PR 80 (1971) S. 80–84.
– Some types of performative utterance. In: Berlin (1973). S. 69–89.
Wheatley, J.: Austin on implication and entailment. In: PSt 15 (1964) S. 46–48.
– How Austin does things with words. In: Dialogue 2 (1964) S. 337–345.
– How to give a word a meaning. In: T 30 (1964) S. 119–136.
White, A. R.: On claiming to know. In: PR 66 (1957) S. 180–192. Auch in: A. P. Griffiths (Hrsg.): Knowledge and belief. London 1967.
– Review of »How to do things with Words«. In: A 23 (Suppl.) (1963) S. 58–64.
– Review of Furberg's »Locutionary and illocutionary acts«. In: M 74 (1965) S. 131–135.
– Mentioning the unmentionable. In: A 27 (1967) S. 113–118. Auch in: Fann (1969). S. 219–225.
White, M. J.: A suggestion regarding the semantical analysis of performatives. In: Dialectica 30 (1976) S. 117–134.
Wilson, P.: Austin on knowing. In: I 3 (1960) S. 49–60.
Wright, M.: »I know« and performative utterances. In: AJP 43 (1965) S. 35–47.
Wunderlich, D.: Zur Konventionalität von Sprechhandlungen. In: D. W. (Hrsg.): Linguistische Pragmatik. Frankfurt a. M. 1972. S. 11–58.
– Über die Konsequenzen von Sprechhandlungen. In: K. O. Apel (Hrsg.): Sprachpragmatik und Philosophie. Frankfurt a. M. 1976. S. 441–462.
– Sprechakttheorie und Diskursanalyse. In: K. O. Apel (Hrsg.): Sprachpragmatik und Philosophie. Frankfurt a. M. 1976. S. 463 bis 488.
– Studien zur Sprechakttheorie. Frankfurt a. M. 1976.
Ziff, P.: On H. P. Grice's account of meaning. In: A 28 (1968) S. 1–8.

Ausgewählte Literatur zur Diskussion und Weiterentwicklung der Sprechakttheorie seit 1980 (chronologisch)

Hurka, Th.: The speech act fallacy fallacy. In: Canadian Journal of Philosophy 12 (1982) S. 509–526.

v. Savigny, E.: Zum Begriff der Sprache. Stuttgart 1983.

Sbisà, M.: On illocutionary types. In: Journal of Pragmatics 8 (1984) S. 93–112.

– Acts of explanation: a speech act analysis. In: F. H. van Eemeren [u. a.] (Hrsg.): Proceedings of the first international conference on argumentation, Bd. 2. Dordrecht 1987, S. 7–17.

– Speech acts and context change. In: T. Ballmer / W. Wildgen (Hrsg.): Process linguistics. Tübingen 1987. S. 252–280.

v. Savigny, E.: The social foundations of meaning. Berlin / Heidelberg / New York 1988.

Belnap, N.: Declaratives are not enough. In: PSt 59 (1990) S. 1–30.

Vanderveken, D.: Meaning and speech acts. 2 Bde. Cambridge 1990–91.

Hajdin, M.: Is there more to speech acts than illocutionary force and propositional content? In: Nous 25 (1991) S. 353–357.

Sbisà, M.: Speech acts, effects and responses. In: H. Parret / J. Verschueren (Hrsg.): On Searle on conversation. Amsterdam 1992. S. 101–111.

Tsohatzidis, S. (Hrsg.): Foundations of speech act theory. London / New York 1994.

Sbisà, M.: The relationship between argumentation and explanation in the framework of a speech-act analysis of verbal interaction. In: F. H. van Eemeren [u. a.] (Hrsg.): Reconstruction and application. Amsterdam 1995. S. 3–15.

Dörge, F. C.: Illokutionäre Akte und Konventionalität. In: Grazer Philosophische Studien 60 (2000), S. 125–150.

Alston, W. P.: Illocutionary acts and sentence meaning. Ithaca (N. Y.) 2000.

Vanderveken, D. (Hrsg.): Essays in speech act theory. Amsterdam 2002.

Sachregister

Inhalt